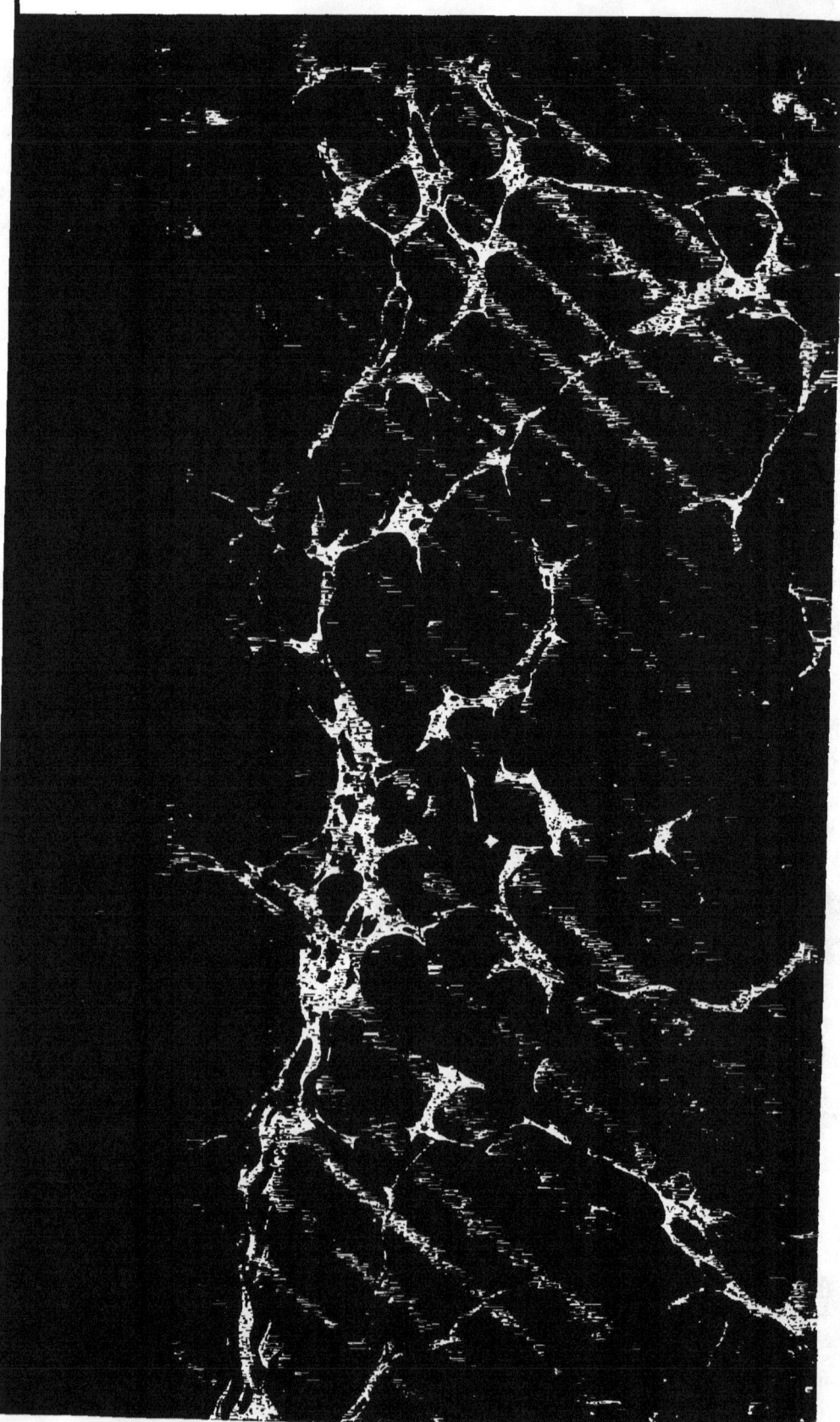

LA SOCIÉTÉ
DU CONSULAT
ET
DE L'EMPIRE

OUVRAGE DU MÊME AUTEUR

PUBLIÉ PAR LA LIBRAIRIE HACHETTE ET Cⁱᵉ

Les Mariages dans l'ancienne société française.
1 volume in-8°, broché. . . . . 7 fr. 50
Ouvrage couronné par l'Académie française.

LA SOCIÉTÉ
DU CONSULAT
ET
DE L'EMPIRE

PAR

ERNEST BERTIN

Professeur libre à la Faculté des lettres de Paris

PARIS

LIBRAIRIE HACHETTE ET Cie

79, BOULEVARD SAINT-GERMAIN, 79

1890

Droits de traduction et de reproduction réservés.

A

MONSIEUR LÉON SAY

AVANT-PROPOS

Je me suis proposé, dans ce volume, non de tracer un tableau complet de la société du Consulat et de l'Empire, mais d'éclairer quelques aspects de cette société à l'aide de documents nouveaux, publiés dans ces dix dernières années. Ces documents ont le caractère que notre temps goûte de préférence, ce caractère vivant et intime qui nous rend un peu de la physionomie des générations disparues, un peu de l'âme et de la figure des personnages qui y ont brillé par le génie, la puissance, le rang, l'esprit, ou qui s'y sont fait une place distincte par leur façon propre de sentir et d'agir; ils nous apprennent des choses que nous ignorions, ils nous donnent de celles que nous savions une impression plus exacte et plus vive.

L'homme qui devait mener la France et l'Europe observé et décrit sur le vif, depuis ses premiers rêves de gloire et de pouvoir jusqu'au faîte de ses grandeurs; l'attitude et les sentiments des siens dans la fortune nouvelle que leur fait cette élévation inouïe; la composition, l'allure et le train de la cour impériale comparée à l'ancienne cour; les différences qui s'y marquent dans les manières, le langage, les mœurs, dans la forme et le ton de la galanterie; l'air étouffant qu'on y respire et le pli que le maître imprime à l'âme de ses courtisans et de ses familiers; l'esprit de la ville en opposition avec celui de la cour, Paris tour à tour indifférent, ironique ou boudeur, et par de là la cour et la ville, l'exaltation des vertus guerrières, les miracles d'une intrépidité fougueuse ou stoïque, l'énergie et la vitalité de la nation concentrées toutes dans les camps, voilà quelques-uns des objets que nous offrent les écrits où j'ai puisé.

Il en est d'autres qui n'ont pas moins de

prix et d'attrait. Des correspondances privées, heureusement conservées ou recueillies, nous ouvrent l'intérieur de la famille, nous permettent de pénétrer dans l'intimité des affections domestiques, d'en apprécier et d'en sentir la force, la pureté, la délicatesse. Nous entendons des accents auxquels le dix-huitième siècle ne nous avait point accoutumés; on ne rougit plus de s'aimer entre époux, de se le dire, de se le répéter l'un à l'autre. La femme est par l'esprit et par le cœur la compagne de son mari, de ses pensées, de ses travaux : celui-ci fût-il un soldat, un héros, un gagneur de batailles, qui n'apparaît à son foyer que de loin en loin, elle lui garde une ardente fidélité; ses sentiments, son langage, sa vie, s'imprègnent de ses mâles soucis, se teignent d'une sorte de couleur guerrière : le ménage du maréchal et de la maréchale Davout a je ne sais quelle tendresse et quelle grâce héroïque qui porte la marque d'une époque et qui enrichit d'une façon charmante les fastes de l'amour conjugal.

L'esprit sceptique, léger, sensuel de l'âge précédent n'a pas impunément traversé ces terribles crises qui ont bouleversé et renouvelé l'ancien monde : le caprice n'est plus l'unique lien des libres amours; la passion y entre; elle y mêle une exaltation où l'imagination et le cœur ont plus de part que les sens; elle y porte de rêveuses ardeurs, de fiers élans vers un irréalisable idéal, suivis de chutes douloureuses et d'invincibles tristesses. Mme de Beaumont et Mme de Custine vivent et meurent de cette façon d'aimer, qui aurait excité la surprise et peut-être la gaieté de leurs aïeules.

Ainsi va l'âme française, se modifiant, se transformant avec le temps et les circonstances, infiniment souple et diverse, capable de tout, même de sérieux, âme séduisante jusque dans ses caprices et ses erreurs qui ne réussisent pas à lasser les sympathies, âme surtout vivante, qui ne revêt jamais sa dernière forme, qui se rit des sinistres pronostics de ses envieux et de ses ennemis, et survit aux uns comme aux autres, semblable à cette fière et charmante cité dans laquelle elle semble s'incarner avec ses grâces et ses faiblesses, à ce Paris qui, vaincu et demi-captif, arrachait encore à M. de

Metternich, en juillet 1815, alors qu'il le contemplait du haut du palais de Saint-Cloud, cet involontaire hommage qu'un autre homme d'État, plus grand que M. de Metternich, aurait pu lui rendre à son tour, il y a tantôt vingt ans, dans les mêmes lieux, presque dans les mêmes circonstances, sans se rabaisser, ce semble, outre mesure :

En voyant du balcon cette immense cité qui brillait avec tous ses dômes au coucher du soleil, je me suis dit : « Cette ville et ce soleil se salueront encore quand on n'aura plus que des traditions de Napoléon et de Blücher et surtout de moi! »

Ernest BERTIN.

MÉMOIRES
DE LUCIEN BONAPARTE

MÉMOIRES

DE LUCIEN BONAPARTE [1]

En 1855, à la mort de la princesse Alexandrine Bonaparte, cinq liasses de papiers tirés du portefeuille de son mari, Lucien Bonaparte, furent remises à l'ambassadeur de France à Rome et adressées par lui à notre ministre des affaires étrangères. L'empereur en réclama la communication : la cinquième liasse lui fut livrée et ne revint plus aux Archives ; les autres furent sauvées grâce à cette inscription heureusement mensongère : *Mémoires de Lucien Bonaparte, déjà*

[1]. Charpentier, 1882.

publiés en 1836. En réalité il n'y avait de publié qu'une très faible part du manuscrit, 200 pages sur 3000. C'est dans ce fonds échappé à la curiosité destructive de Napoléon III que M. Iung a puisé la matière de trois intéressants volumes, auxquels il a joint un bon nombre de pièces inédites et un commentaire continu, qui complètent, éclairent ou rectifient les récits et les assertions de l'auteur.

I

L'œuvre posthume de Lucien Bonaparte se compose de pièces diverses : narrations, conversations, réflexions rédigées à des époques différentes, et que l'auteur regardait moins comme ses Mémoires que comme les matériaux propres à les composer. Les dissertations politiques, écrites pour la plupart à distance des événements, avec une chaleur vague et déclamatoire, ne se distinguent ni par la nouveauté, ni par la justesse des aperçus et s'inspirent avant tout des besoins de la personne et de la cause; les appréciations et, dans une certaine mesure, la relation des faits y portent l'empreinte sensible des modifications survenues dans les événements et les idées, des préoccupations d'un certain temps, d'une certaine heure. Ajoutez que la plupart de ces dissertations n'ont pas même le mérite d'être inédites. Les récits et les dialogues écrits sous de récentes ou de fortes impressions offrent une lecture autrement instructive et attrayante. Lucien, bien qu'il ait eu son heure d'influence et d'éclat, n'a guère fait, à vrai dire, que traverser la politique; aussi nous peint-il surtout des scènes intimes, ces scènes qui échappent à l'histoire et meurent tout entières avec les personnes qui y ont assisté, si l'une d'elles ne s'inquiète d'en fixer la trace fugitive : c'est là qu'est l'intérêt et le charme de ses Mémoires. Nous y assistons aux modestes débuts de la famille Bonaparte, à ses soucis, à sa gêne, à sa vie ballottée et aventureuse, aux progrès étonnants de sa fortune; nous y suivons les destinées et les pensées changeantes de Lucien, et, de plus, nous y surprenons dans une sorte de négligé historique ce cadet de génie qui prend si vite le ton et le rôle d'aîné, qui commence l'élévation des siens en leur vendant la grandeur au prix de leur dignité et de leur indépendance, et qui s'étonne qu'ils aient quelque peine à s'accoutumer aux conditions du marché. N'est-ce pas chose curieuse que de voir le futur César s'essayer en famille avant d'éclater en public, d'observer l'allure de sa tyrannie naissante, ses ombrages, ses impatiences, ses concessions apparentes suivies de soudaines et violentes explosions ? Au moins discute-t-il encore ou feint-il de discuter ; Joseph se souvient parfois qu'il est l'aîné, se permet de critiquer, d'avoir de l'humeur ; Lucien, avec les libres grâces de la jeunesse, assaisonne la flatterie de quelques épigrammes : le temps est proche où il faudra choisir entre le silence et l'exil.

On n'est pas médiocrement surpris de voir se débattre bourgeoisement contre les embarras d'une vie précaire cette maison qui va donner un maître à l'Europe et l'approvisionner de rois. Tous ces souverains en herbe sont alors en quête de bourses d'école, de collège, de couvent ou de séminaire. Pétitions, suppliques, visites à la cour, stations prolongées dans les antichambres, le pauvre Charles Bonaparte, qui sent ses forces décliner en même temps que ses charges s'accroître, ne s'épargne aucune fatigue et aucun dégoût pour suppléer à l'insuffisance de ses ressources.

La mauvaise chance s'en mêle : les exploitations dont il avait à grand'peine obtenu le privilège languissent et avortent; ses plantations de mûriers vont mal, mal ses salines. Il hypothèque le meilleur de son chétif patrimoine, cette fameuse vigne dont le prisonnier de Sainte-Hélène se souvenait encore avec reconnaissance, parce qu'elle avait fourni aux frais de ses semestres, payé ses voyages à Paris. Dans cette dure année de 1784 il emprunte 20 louis au gouverneur de l'île pour aller visiter ses enfants sur le continent. Les 20 louis étaient encore dus en 1800; seulement il s'était passé dans l'intervalle quelques événements notables qui avaient ruiné le créancier et tiré d'embarras la famille du débiteur : le premier consul ne laissa pas protester le billet que lui présenta le comte de Beaumanoir en lui faisant force excuses de troubler ses occupations pour une somme si modique, mais qui lui faisait si grand défaut.

L'avenir de ses fils est le cuisant souci de Charles Bonaparte. Son aîné ne s'avise-t-il pas de douter de sa vocation ecclésiastique, de préférer l'uniforme à la soutane? Le père fléchit et cède. Qui fait des objections, essaye de résister à ce brusque changement de carrière? C'est le cadet de Joseph, le boursier de Brienne, qui de bonne heure a le verbe haut et le conseil impératif. Il faut voir dans sa lettre à l'oncle Fesch avec quel dédain il traite les velléités belliqueuses de son grand frère, de quel ton il caractérise et tance sa nature indolente et légère! Ce transfuge du séminaire se dit un goût décidé pour le plus beau de tous les états. Soit. Quelle arme va-t-il choisir? Le génie? Point. L'artillerie? Moins encore. Il faudrait montrer du mérite, prendre de la peine. « Voyons, il veut être sans doute dans l'infanterie. Bon, je l'entends; il veut être toute la journée sans rien faire; il veut battre le pavé toute la journée. D'autant plus, qu'est-ce qu'un mince officier d'infanterie ? Un mauvais sujet les trois quarts du temps. » Sur quoi l'élève de Brienne, plus soucieux du bon recrutement de l'armée que de celui du clergé, conclut qu'il faut donner Joseph à l'Église. « Monseigneur l'évêque d'Autun lui donnera un gros bénéfice et il sera sûr d'être évêque. Quels avantages pour la famille ! » Quels avantages pour la famille ! telle est la raison décisive de la vocation de Joseph. Napoléon n'en invoquera pas d'autre pour le bombarder un jour roi de Naples ou roi d'Espagne, à cela près qu'en ce temps-là la famille sera tout entière absorbée dans son chef. L'auteur de cette lettre si pleine d'autorité et de sens pratique était âgé de quatorze ans.

L'un des plus jolis tableaux que Lucien retrouve dans ses souvenirs d'adolescent est celui de la famille entière rassemblée dans la petite maison de l'impasse Saint-Charles, à Ajaccio, en un temps où la Corse était agitée de dissensions intestines. Lucien revenait de Corte, porteur d'un message de

Paoli qui, saisi de dégoût et d'effroi devant la forme sanglante que prenait la Révolution française, méditait l'affranchissement de sa patrie sous le protectorat de l'Angleterre. Il trouve Lætitia entourée de tous les siens. Bonaparte, revêtu du brillant habit de commandant de la garde nationale d'Ajaccio, tient sur ses genoux la petite Annonciata (Caroline, la future reine de Naples), qui fait sonner les breloques de sa montre; Louis, tout seul dans un coin, barbouille des bonshommes; Pauline et Jérôme jouent ensemble, et Marianne-Élisa, récemment sortie de Saint-Cyr, brode auprès de sa mère, avec le sérieux de ses quatorze ans. Comme Lucien apporte de graves nouvelles, on congédie les enfants. Marianne hésite à sortir, ne sachant si ce congé la regarde. « Vous aussi, lui dit Joseph, bien que vous soyez une grande demoiselle de Saint-Cyr. » Marianne fait à la compagnie une belle révérence à la française, et tout bas à Lucien, en lui donnant une petite tape : « Vous me direz tout, n'est-ce pas ? » Ce groupe simple et gracieux, c'est la future maison impériale avant l'appel de la destinée, les bonds audacieux du génie, les superbes et fantastiques élévations. Le brave amiral Truguet, qui vint peu après dans l'île, regretta souvent de n'avoir pas possédé le don de seconde vue. Il dansa plusieurs fois avec Élisa, la trouva charmante, et ne songea pas à demander sa main. « J'ai manqué ma fortune », aimait-il à répéter en parodiant le mot de Bonaparte sous les murs de Saint-Jean-d'Acre.

En contraste avec ce cadre aimable et frais s'agite l'âme ambitieuse de Bonaparte, impatiente, amère, rongeant son frein. Que lui fait à lui l'indépendance de la Corse et le rêve étroit de Paoli? Même en France, il trouve l'horizon borné et étouffant. On le félicite d'être capitaine à vingt-deux ans; on attribue son avancement à son mérite, et l'on ne voit point qu'il n'est dû qu'au départ des officiers supérieurs pour Coblentz. La faveur, les femmes, voilà ce qui fait les carrières brillantes et rapides, voilà ce qui poussera Joseph, le beau cavalier corse.

Mais plutôt que de languir dans son misérable grade, il ira tenter la fortune dans un pays toujours ouvert aux vaillants et aux capables, dans les Indes anglaises; il s'y battra pour ou contre les Anglais, selon l'occurrence et l'avantage, et en rapportera des richesses, de la renommée et de magnifiques dots pour ses sœurs. Ainsi se dépitait et se passionnait avec un mélange de raison sceptique et d'imagination enthousiaste l'ambition de Bonaparte encore sans objet, presque sans patrie, quelques mois avant qu'il reprît Toulon et entrât dans l'histoire.

II

Chassée de l'île par la faction triomphante de Paoli, la famille des Bonaparte alla s'échouer en Provence et tâcha d'y vivre. C'est le temps où devint jacobin celui que le pape devait un jour faire prince de Canino. Dix-huit ans, peu de cervelle, une grande vanité et une précoce faconde décidèrent cette subite conversion. Le trait suivant donnera la mesure de la faiblesse de ce caractère. Il aimait et vénérait Paoli; quelques jours auparavant, il ne pensait, il ne parlait que par lui. A peine a-t-il mis le pied sur le continent qu'il monte à la tribune pour protester contre l'insurrection de la Corse; on l'applaudit, on l'acclame, et le voilà qui, se grisant de cette popularité soudaine, dénonce, flétrit, stigmatise Paoli, le voue à l'exécration populaire. Les remords ne le gagnent que lorsqu'il se trouve seul, lorsqu'il songe à la lâcheté qui lui a valu les bravos de ses auditeurs et, ce qui lui avait paru moins savoureux, leurs accolades parfumées d'ail. Faibles remords d'ailleurs et qui ne le dégoûtent pas pour longtemps de son nouveau rôle, non plus que les scènes odieuses dont il est le témoin involontaire et très intérieurement scandalisé.

Ces scènes, qui n'ont pu, comme le remarque M. Iung, se passer à Marseille, alors retombée aux mains des royalistes, ont cependant un tel air de vérité que Lucien paraît avoir confondu les lieux plutôt qu'imaginé les choses et substitué Marseille à Toulon, où il débarqua en arrivant de Corse. Une conversation au café un jour d'exécution; la physionomie, le geste, le langage des patriotes attablés, leur verve atrocement gouailleuse sur les attitudes variées des victimes; la dame du café plaignant, en minaudant, ceux qui n'ont pas pu prendre leur part du spectacle par un si beau soleil, et au dehors une foule matinale qui se hâte d'un pas allègre, les hommes en élégante carmagnole, les femmes en madras rouge coquettement noué à la Marat, et de jolis bambins gambadant entre père et mère, tous ces traits rassemblés dans une saisissante esquisse nous donnent l'horrible sensation de l'un de ces jours néfastes si fréquents sous la Terreur. « Les monstres ! » dit tout bas, bien bas, le jeune Corse, et, quatre mois plus tard, nous le retrouvons à Marathon (lisez Saint-Maximin) présidant le comité révolutionnaire et relevant du prestige de son éloquence enflammée son modeste emploi de garde-magasin à 1200 francs d'appointements.

Combien de gens moins jeunes que Lucien et d'humeur aussi débonnaire ont ainsi renié leur nature et leur éducation pour se faire les complices et les auxiliaires de la Terreur ! Plaisante raison qu'un vent manie et jette en proie à l'esprit d'iniquité et de violence qui souffle en certains jours chez la nation la plus éprise de la justice et de l'humanité ! Mais est-il exact de dire que nous sommes le jouet de l'opinion et du courant, et qu'il y a dans ces monstruosités plus d'aveuglement que de crime? Qui pourra mesurer tout ce qu'il entre de faiblesse, de vanité, de lâcheté ambitieuse dans l'âme de ces petits ou grands serviteurs de la démagogie? Le comte Miot de Mélito, dans des Mémoires plus intéressants que répandus, a peint et jugé avec vigueur et finesse un groupe de conventionnels qu'il rencontrait en 1793 à la table du ministre des affaires étrangères, Deforgues. Que de sentiments étrangers à la passion même égarée du bien public! Quels appétits violents ou mal contenus de pouvoir, de popularité ou, plus simplement, de plaisir et d'argent! Ils ont même leurs Sosies, qui captent un reflet de leur popularité, s'appliquent à reproduire, à défaut de leurs talents, leur air, leur démarche et particulièrement leurs vices. D'autres laissent percer un sens, une modération relative, ou une distinction d'esprit et de manières qui éveille le doute sur la sincérité des convictions qu'ils étalent. Bouchotte, porté par la Commune au ministère de la guerre, et qui lui donne d'ailleurs de trop funestes marques de sa reconnaissance, s'inquiète moins pourtant de l'opinion de ses employés que de leur mérite et de leur zèle, et sauve le plus qu'il peut de têtes de généraux. Deforgues, une créature de Danton, qui dirige les affaires étrangères, s'efforce d'y maintenir ou d'y ranimer les traditions d'urbanité et de grâce chères au monde diplomatique, et, les jours où il s'assied à la table du ministre, Fabre d'Églantine disserte avec une ingénieuse finesse sur la comédie classique, quitte à retourner le lendemain à l'utile brutalité du langage révolutionnaire.

Miot de Mélito ne trouve, dans le groupe qu'il lui est donné d'observer de près, qu'un seul fanatique, le boucher Legendre; celui-ci tue les gens par devoir, par conscience, par scrupule de patriotisme, au demeurant l'homme le plus probe, le plus doux, le plus tendre du monde, ne parlant jamais de sa femme, de ses enfants, de son bonheur domestique qu'avec une voix mouillée de larmes: une sorte de Berquin de la guillotine, moins digne, après tout, de réprobation que les soutiens hypocrites d'un régime qu'ils condamnaient par raison, servaient par intérêt, et prolongeaient par le concours de leurs talents. Lucien plus âgé aurait peut-être été tenté de remplir l'un de ces rôles; mais il avait tout juste assez de barbe au menton pour jouer les terroristes de petite ville, et il ne sévit guère qu'à Saint-Maximin.

III

Il y était vite passé grand homme, tout ce qu'il y avait de gens instruits se trouvant sous les verrous, procédé souverain pour se débarrasser des compétitions gênantes. Avant son entrée en scène, un moine défroqué tenait le haut du pavé. C'était le seul qui sût lire et écrire parmi les gens qui enfermaient les autres. Épaminondas (ainsi s'intitulait ce moine) céda modestement le pas à l'ancien élève du collège d'Autun, qui s'était affublé du surnom de Brutus, obéit servilement à ses ordres, et fut tout son personnel administratif. Lucien, qui ressent un embarras facile à comprendre à revenir sur l'emploi de son temps en l'an II de la République, s'est peint à nous sous un aspect encore plus ridicule qu'odieux, et qui, ce semble, n'a rien d'invraisemblable. Parmi les formes diverses qu'affecta la persécution révolutionnaire, la sienne a un cachet original. Il est le tyranneau dilettante qui emploie ses pouvoirs extraordinaires à satisfaire un violent penchant naturel pour l'éloquence de la tribune et les représentations scéniques. Il inflige à ses sujets des deux sexes tous les discours qu'il lui plait de débiter à la société révolutionnaire, et varie leurs plaisirs en leur jouant des pièces républicaines.

Comme il ne pouvait les jouer tout seul, et que les premiers sujets étaient rares dans son entourage, il a le bon goût de les demander aux suspects, d'entr'ouvrir leur prison en leur montrant la liberté pour prix d'un rôle brillamment tenu. Les tréteaux ou la geôle et pis peut-être! Une dame aimable et distinguée fit, paraît-il, quelques façons pour se donner en spectacle à un parterre de sans-culottes émaillés de galériens (la jolie comédie de salon!), mais Lucien, qui savait, quand il le fallait, parler haut et ferme, dompta ses scrupules, et comme la dame était à son goût, il trouva piquant de lui assigner le rôle de Tullie dans le *Brutus* de Voltaire. Il est fâcheux que quelques mots échappés à l'auteur des Mémoires nous donnent à penser que la terreur qui pesait sur Saint-Maximin n'était pas seulement oratoire, littéraire et galante. A quelques lieues de là fonctionnait le tribunal ou plutôt la boucherie d'Orange qui, pour être assurée de ne pas chômer de victimes, en demandait volontiers aux pays d'alentour. Un jour Lucien survint fort à propos pour arrêter l'une des charrettes qui allaient prendre le chemin d'Orange, et en tirer le père et la mère d'un jeune homme de Saint-Maximin. Deux têtes sauvées du couteau, c'est peu sur tant de charrettes, et encore le sauveur faillit-il arriver trop tard!

On s'explique qu'après la chute de Robespierre le dictateur de Saint-Maximin ait éprouvé un vif désir de changer de résidence. Il eut l'heureuse fortune de passer à Saint-Chamans avec un petit emploi dans l'administration militaire, tempéra ses opinions, s'occupa surtout d'être aimable et se crut hors d'affaire. Il avait compté sans l'inévitable retour des choses d'ici-bas, sans les représailles des opprimés et leurs colères enflammées de toute l'ardeur des passions méridionales. Les jeunes gens s'embrigadent en bandes meurtrières qui relancent partout les terroristes. Dans une aimable réunion chez l'une des familles les plus considérables de la commune, en pleins jeux innocents, au moment même où il allait dire des vers pour retirer un gage, l'ex-Brutus est saisi, garrotté et, malgré les supplications de ses jolies compagnes, entraîné vers la prison d'Aix. Le sol de son cachot était encore humide du sang des captifs massacrés la veille : on imagine ses angoisses et ses poignantes réflexions sur les vicissitudes de la fortune. Une supplique qu'il adresse à un membre de la Convention, Chiappe, son compatriote, peint l'horrible peur qui secoue son âme et ses membres et qui l'abaisse à de viles génuflexions. Quel contraste avec la superbe atroce et l'enivrement sanguinaire de la lettre dans laquelle il annonçait naguère à la Convention le massacre qui avait châtié la rébellion des Toulonnais! Plaçons-les l'une à côté de l'autre dans un rapprochement expiatoire.

Voici la lettre :

Citoyens représentants, c'est du champ de gloire, marchant dans le sang des traîtres, que je vous annonce avec joie que vos ordres sont exécutés et que la France est vengée : ni l'âge, ni le sexe n'ont été épargnés. Ceux qui n'avaient été que blessés par le canon républicain ont été dépêchés par le glaive de la Liberté et par la baïonnette de l'Égalité. Salut et admiration.

Et voici la supplique :

Du fond d'une prison où j'ai été traîné hier, je me jette à vos pieds.... Je repose sur le matelas, sur la paille teinte du sang des victimes assassinées il y a trois mois.... Ah! sauvez-moi de la mort. Conservez un citoyen, père, époux, fils infortuné et non coupable!!! Puisse dans le silence de la nuit mon ombre pâle errer autour de vous et vous attendrir!... Je suis inspecteur de charrois; je ne pourrai être légalement arrêté, mon service en souffre.

Si vous me faisiez délivrer, je courrai avec ma femme à l'armée d'Italie, embrasser vos pieds et vous offrir à jamais la vie que vous m'auriez conservée. Je languis,... j'attends...; ma mère vous fera passer cette lettre; elle me fera passer votre réponse. Oh! sauvez-moi!

Sa plume effarée mêle et heurte les images les plus disparates. *Je courrai embrasser vos pieds* est bien vieille cour, mais le trait qui précède a la grotesque emphase de l'époque. *L'ombre errante et pâle d'un inspecteur de charrois,* on a quelque peine à se figurer cela, mais je doute que le représentant Chiappe ait trouvé l'image aventurée. Heureusement Lucien avait un frère qui ne s'engageait pas à l'étourdie et qui n'avait pas été, dans ses rapports avec la Terreur, au delà de Robespierre le jeune : le général Bonaparte intervint en temps utile et le tira, tout transi, de sa prison.

IV

Il est un événement de son séjour à Saint-Maximin qu'omet l'auteur des Mémoires avec un excès de discrétion heureusement corrigé par les compléments et les éclaircissements de M. Iung. Il n'a pas seulement péroré, joué et fait jouer la comédie : il s'est marié, et marié avec une fille charmante, mais de si modeste condition qu'il semble avoir rougi de confesser son idylle. Christine Boyer avait la taille élégante et souple, les grâces naturelles aux femmes du Midi, des yeux qui reflétaient la douceur de son âme. Son seul défaut était d'être la sœur de l'aubergiste chez lequel Lucien prenait sa pension; et encore, en ce temps-là, était-ce bien un défaut aux yeux du jeune garde-magasin dont on venait de supprimer l'emploi comme inutile ? Femme aimable et hôtelier discret, la perspective était tentante. Lucien se moqua de ce qu'en penseraient ses ancêtres, qui n'en étaient pas avec lui à leur première surprise : il se laissa aimer, épouser et, par surcroît, héberger. De sa parenté vivante il n'y eut guère que Bonaparte qui protesta. Les temps étaient si durs, l'argent si rare et les distinctions de classes si mal portées! Non seulement Joseph s'abstint de protester, mais il acquiesça au mariage, en homme qui n'avait plus le droit de faire le dédaigneux. Il courtisait déjà et trois mois après il épousait, à Cuges, près Marseille, la fille d'un ancien marchand de savon, Mlle Clary, dotée, comme il l'avouait plus tard, au delà de ses espérances ; l'un des témoins du futur roi d'Espagne signait dans l'acte *Joseph Roux, perruquier*. L'acte de Lucien contenait une singularité plus grave : le marié, encore mineur, s'y émancipait par un tour hardi, en prenant l'âge de Joseph ; peut-être le jeune président de la Société révolutionnaire avait-il tonné la veille contre l'infâme régime du bon plaisir[1].

1. Lucien était né en 1775, Christine Boyer en 1773.

La figure de Christine Boyer, qu'on entrevoit dans la suite des Mémoires, a un charme doux et triste. Les rigueurs que lui témoigne Bonaparte ne l'irritent ni ne l'aigrissent; elle essaye de le fléchir à force d'affectueuse soumission, de caressante bonté, et n'emploie pour cela d'autres armes que sa pauvreté, sa faiblesse, sa maternité féconde et qui reçut, une fois, de la dureté de celui qu'elle suppliait en vain, une cruelle blessure.

Permettez-moi de vous appeler du nom de frère, lui écrivait-elle en août 1797 à l'occasion de ses prochaines couches. Mon premier enfant est né dans une époque où vous étiez irrité contre nous. Je désire bien qu'elle puisse vous caresser bientôt, afin de vous indemniser des peines que mon mariage vous a causées. Mon second enfant n'est pas venu au jour. Fuyant Paris d'après votre ordre, j'ai avorté en Allemagne. Dans un mois j'espère vous donner un neveu. Une grossesse heureuse et bien d'autres circonstances me font espérer que ce sera un neveu. Je vous promets d'en faire un militaire; mais je désire qu'il porte votre nom et soit votre filleul. J'espère que vous ne refuserez pas à votre sœur.... Parce que nous sommes pauvres, vous ne nous dédaignerez pas, car, après tout, vous êtes notre frère : mes enfants sont vos seuls neveux, et nous vous aimons plus que la fortune. Puissé-je un jour vous témoigner toute la tendresse que j'ai pour vous !

Nous vous aimons plus que la fortune ! quelle simplicité et quelle vérité de sentiments dans ces paroles, et arriva-t-il souvent à Bonaparte d'en entendre de semblables? Un peu de coquetterie féminine perce dans le post-scriptum, mais sous une forme si délicate et d'un ton de si doux reproche!

Je vous prie de ne pas m'oublier auprès de votre épouse, que je désirerais bien connaître. A Paris, on me disait que je lui ressemblais beaucoup. Si vous vous rappelez ma physionomie, vous devez pouvoir en juger.

Si courte que fut sa vie, elle eut le temps de voir son mari président du Conseil des Cinq-Cents, puis ministre de l'intérieur, et elle ne parut ni étonnée, ni embarrassée dans le monde nouveau qui devenait le sien. Elle ne portait aucune parure qui ne sortît des mains des premières faiseuses, mais, de plus, elle les portait à ravir, avec une grâce qu'on ne trouve qu'en soi. Quoiqu'elle ne fût pas éblouie par l'éclat du monde, c'était surtout le calme des champs qui attirait son âme égale et tendre. Lucien acquit et embellit à son intention le domaine de Plessis-Chamant, mais la mort la prit sur le seuil du bonheur rêvé : ses restes devaient seuls franchir la grille du Plessis pour y dormir sous le marbre et les fleurs dans une partie solitaire du parc jusqu'au jour où l'église se rouvrit et la reçut. Lucien, malgré sa nature légère et changeante, la pleura de bonne foi, et Bonaparte, que sa grâce avait fini par désarmer, honora d'un regret sa douce mémoire[1]. L'attrait de cette aimable figure

---

1. Des quatre enfants nés de ce premier mariage de Lucien, deux survécurent : 1° Charlotte Bonaparte, mariée avec le prince *Mario Gabrielli*, morte en 1865; 2° Christine Bonaparte, mariée en 1818 avec M. *Arved*

nous a fait devancer l'ordre des événements : revenons au temps où Lucien n'était pas encore devenu ce qu'il voulait être à tout prix, un personnage.

de Possé, et en 1824 avec lord *Dudley Stuart*, morte en 1847.

V

Le 13 Vendémiaire marque la fin des épreuves de la famille Bonaparte. Le vainqueur de la réaction royaliste écrivait à Joseph en octobre 1795 : « J'envoie à la famille 50 ou 60 000 livres argent, assignats, chiffons ; n'aie donc aucune peur ». Lætitia respirait enfin ; mais elle ne devait jamais oublier la gêne et les soucis de son séjour à Marseille. Même aux heures les plus éclatantes de la fortune impériale, elle se défiait de l'avenir en songeant au passé : elle épargnait, thésaurisait, se gardait.

Bonaparte, à mesure que grandit sa fortune, veille de plus près sur les alliances de ses sœurs, écarte les choix que la raison n'a pas dictés. « Un citoyen Billon, écrit-il à Joseph, que l'on m'assure être de votre connaissance, demande Paulette. Ce citoyen n'a pas de fortune ; j'ai écrit à maman qu'il ne fallait pas y songer. » Le péril n'était pas là : Billon demandait la main, Fréron prenait le cœur, ce cœur de Paulette si naturellement inflammable et qui n'avait pas attendu l'autorisation du général Bonaparte pour se donner au beau Stanislas, ami de Lucien : Fréron, simple commissaire des guerres, valant Billon pour la fortune, Bonaparte s'interposa au plus vite ; mais déjà sa sœur en était aux transports de la passion : les amants échangeaient par la poste des serments, des baisers, des cheveux même, boucle pour mèche. Pauline pressait sur son cœur, sur ses lèvres les épitres de Stanislas, et elle y répondait avec une verve qui bannissait toutes les réticences virginales. La prose est trop sèche, le français est trop froid à son gré ; elle s'exprime en vers, en vers italiens, et les métaphores brûlantes, les superlatifs démesurés (*ti amo passionatissimamente*) suffisent à peine à traduire l'exaltation de sa tendresse. Bonaparte ne comprenait l'amour qu'étroitement associé à l'ambition, et les grâces de Joséphine, qu'il épousait en ce moment même, se confondaient à ses yeux avec celles d'un commandement en chef, qui était le prix de son mariage : il n'admit pas la passion toute sentimentale de sa sœur. Elle eut beau lui jurer que Fréron était le seul homme qu'elle pût jamais aimer : il sourit du serment et resta inflexible. Trois ans après, l'immuable amante épousait l'un des vaillants compagnons d'armes de son frère, le général Leclerc, le suivait à Saint-Domingue, avait la douleur de l'y perdre, coupait et jetait sur son corps sa noire chevelure, et, selon le style du temps, enfermait son cœur dans l'urne cinéraire. L'urne était mal close! le cœur de Paulette s'en échappa, s'affola bientôt du prince de Borghèse, qu'elle épousa, s'en dégoûta plus vite encore et s'égara dans maints caprices. Elle vécut un peu partout, hors à la villa Borghèse, où elle se contenta de loger sa statue, une Vénus victorieuse, dont les formes exquises n'avaient pas été seulement rêvées par Canova et offraient un délicieux mélange d'idéal et de réalité.

En même temps qu'il écartait les Billon et les Fréron, Bonaparte surveillait et tançait cette folle tête de Lucien qu'avait grisé sa nouvelle fortune. Nommé commissaire des guerres de l'armée du Rhin, il gagnait son poste avec toute la lenteur imaginable, mettait un mois à traverser Paris, soupait chez Barras, flottait entre la beauté de Mme Récamier et l'esprit de Mme de Staël, et se décidait enfin à remonter vers le Nord. Une fois mis en possession de son emploi, il ne songeait à rien moins qu'à le remplir, faisait de nouveau de la politique, mais, cette fois, de la politique éloignée des extrêmes, pérorait, discutait, bataillait et n'administrait pas. S'il subissait de rudes assauts des jacobins et des royalistes, il avait aussi sa cour formée des officiers clairvoyants qui le traitaient en homme très bien apparenté. Bref, il était moins commissaire des guerres que frère du héros de l'armée d'Italie, et il abusait de cette espèce de mérite. Un beau jour il s'avisa de quitter son poste sans autorisation et s'en alla rejoindre Bonaparte à

Milan, comme s'il voulait se tremper de nouveau dans sa gloire et raviver son lustre d'emprunt. De Milan il retourna à Marseille, puis à Paris, qui l'attirait toujours; mais Bonaparte se fatigua de son oisiveté vaniteuse, affairée, compromettante, et il pria Carnot de l'envoyer exercer en Corse des qualités administratives qui ne feraient pas défaut au continent. Sa lettre à Carnot n'est pas tendre et montre combien il lui tardait d'enfermer la faconde de son frère en lieu sûr, à vingt-quatre heures du littoral :

Il s'est compromis en 93 plusieurs fois malgré les conseils réitérés que je n'ai cessé de lui donner. Il voulait faire le jacobin, de sorte que si, heureusement pour lui, les dix-huit ans qu'il avait alors n'étaient pas son excuse, il se trouverait compris avec ce petit nombre d'hommes, opprobre de la nation. La Corse étant libre aujourd'hui, vous m'obligeriez beaucoup en lui donnant l'ordre de s'y rendre, puisque sa tête ne lui permet pas de rester à l'armée du Rhin.

Lucien ne fait, dans ses Mémoires, qu'une

rapide allusion à son changement de résidence, et ce qu'il y a de piquant, c'est qu'il s'y donne l'air non d'un fonctionnaire en disgrâce, mais d'un ambassadeur en mission confidentielle : « Je ne pus demeurer près de mon frère qu'une demi-journée : il retournait le soir sur la ligne favorite de l'Adige; il me donna ses instructions et je partis pour la Corse. »

VI

Il y employa habilement son temps, et n'en sortit qu'avec un mandat de ses concitoyens qui l'amenait enfin sur la scène politique comme membre du Conseil des Cinq-Cents. Il s'y fit de bonne heure remarquer et compter, moins encore par l'abondante vivacité de sa parole, que par son nom et par sa connivence avec les menées et les desseins de son frère. On sait quelle part il eut, comme président du Conseil des Cinq-Cents, à l'attentat du 18 Brumaire; avec quelle habileté audacieuse il tourna contre l'Assemblée l'autorité qu'il tenait d'elle, et colora d'un semblant de légalité le coup de force qui brisait la constitution de l'an III. Bonaparte lui-même avait reculé devant les protestations furieuses qui le repoussaient du sanctuaire des lois; Lucien, plus aguerri contre les tempêtes civiles, joua son rôle avec un entrain supérieur, un rôle bien fait pour le tenter, parce que, en servant son ambition, il mettait en jeu ses talents d'orateur et de tragédien. Remarquez de quel geste superbe, au milieu des cris de réprobation qui s'élèvent contre son frère et lui, il dépouille sa toge et la dépose sur le bord de la tribune. Un autre se serait contenté de se couvrir et aurait peut-être manqué son effet. Ce geste fut même exécuté de façon si sûre et si saisissante, que les membres du Conseil favorables au coup d'État crurent à un signal arrêté, j'allais dire répété la veille.

Un peloton de grenadiers, faisant irruption dans la salle, entraine et délivre Lucien : à peine dans la cour de l'Orangerie : « Général, s'écrie-t-il, un cheval, un cheval, et un roulement de tambour ». Quel est cet élan belliqueux ? Belliqueux, non, mais oratoire. Le cheval simulera la tribune, et le roulement de tambour la sonnette du président. Il se dresse sur sa monture, et, d'une voix éclatante, prodiguant les sophismes passionnés qui ébranlent les imaginations naïves, il intervertit audacieusement les rôles, travestit les opprimés en oppresseurs et convie les baïonnettes à protéger la liberté. L'acteur entre de verve dans la situation et l'enlève d'un jeu brillant et sûr; Bonaparte en sort à tout moment et manque la compromettre; il a l'illusion et comme l'ivresse du champ de bataille, et, avec une ardeur plus sauvage que politique, il crie à ses grenadiers : « Si l'on résiste, tuez! tuez! » ou bien il s'exalte, il se grandit démesurément, il va frapper le ciel de la tête. « Amis, sauvez-moi, je suis le dieu du jour. » Il fait du lyrisme, du lyrisme oriental à Saint-Cloud, parlant à d'anciens sans-culottes. Son frère, dont le cheval s'était mis au pas du sien, est obligé de lui redonner la note juste et de lui souffler à l'oreille : « Mais taisez-vous donc, vous croyez parler à des mamelucks ». Ces paroles échappées à Bonaparte dans une journée fameuse et qui n'avaient pas été recueillies par l'histoire[1] ajoutent un nouveau trait à la physio-

1. Mme de Staël les rappelle inexactement dans ses

nomie du héros du 18 Brumaire. Le dominateur manqué de l'Orient y apparait avec tout l'emportement de son orgueil et de sa volonté, se rabattant sur la France pour reprendre et réaliser son rêve échoué devant Saint-Jean-d'Acre.

Lucien, qui n'arrivait pas d'Égypte, manœuvre en homme familier avec le terrain, entraîne les Anciens hésitants, rallie les restes dispersés des Cinq-Cents, et, ne déployant que le genre d'imagination qui convient aux circonstances, couvre l'œuvre de l'épée d'un manteau de brillantes métaphores. On peut faire beaucoup de chemin en ce pays, sous le couvert des mots, beaucoup oser au fond, à la condition de respecter la forme, la forme qui plait aux esprits les plus divers, aux sots et aux délicats, à Bridoison et à l'Académie, aux timides, aux pudiques, même aux sceptiques, qu'elle amuse et qui se piquent de la percer à jour. Lucien sauva la forme en saluant l'avène-

Considérations sur la Révolution française et fait erreur sur le lieu et le moment où elles ont été dites.

ment du pouvoir absolu en termes d'une parfaite orthodoxie républicaine. « La liberté française, dit-il aux Cinq-Cents au moment de clore la séance, vient de prendre aujourd'hui la robe virile ; née dans le Jeu de Paume de Versailles, elle a été consolidée dans l'Orangerie de Saint-Cloud. » *Robe virile* n'est-il pas joliment trouvé pour désigner la camisole de force ?

Bonaparte goûtait médiocrement les beaux parleurs; il croyait, non sans motif, qu'il lui eût suffi de ses grenadiers pour venir à bout des Cinq-Cents et de la République, mais il n'en fut pas moins frappé du mérite spécial déployé par son frère dans cette heure décisive. Comme Lucien lui reprochait d'avoir failli tout gâter par son apparition dans les deux Conseils : « Oh! oh! dit-il en s'adressant à Sieyès, le citoyen président me gronde et il n'a peut-être pas tout à fait tort; chacun son métier ».

VII

Le citoyen président, pour avoir si bien fait son métier, reçut en partage le ministère de l'intérieur, un poste trop lourd pour son mérite, trop mince pour son ambition. Mis en goût et en appétit de grandeurs par ses succès de Brumaire, il aimait à se figurer une France dont il serait le premier homme d'État, comme Bonaparte en était le premier homme de guerre; il ne soupçonnait pas encore les aptitudes multiples de son frère et aspirait à le compléter. Il se croyait l'étoffe d'un Mazarin, et il ne fut pas même au niveau de son emploi. Il n'en prit que ce qui allait à ses goûts, les honneurs de la représentation, les discours d'apparat, de faciles succès auprès des jolies femmes qui se pressaient à ses réceptions, ce qui ne l'empêchait pas de se croire fidèle à sa femme, vivante ou morte, et d'écrire à Élisa, au cours de ses bonnes fortunes mondaines : « Ayez bien soin de sa tombe. Que les fleurs ne se flétrissent pas! Que mon âme y reste toujours. » L'âme de Lucien, comme celle de Paulette, avait le don d'ubiquité.

Il abusa même de son prestige administratif pour trouver des admirateurs à un poème en prose sur César qu'il avait, à ce qu'il prétend, conçu et ébauché dans sa prison d'Aix. Les lectures publiques n'ont certes pas commencé avec Lucien, et les anciens n'en ont pas moins raffolé que les modernes; mais l'idéal du genre n'est-il pas un ministre soumettant son poème épique au jugement de ses chefs de bureau? En ce temps-là, il est vrai, ces chefs s'appelaient Arnault, Fontanes; mais ils avaient trop d'esprit pour avoir du goût, et la seule critique qu'ils adressèrent à l'auteur et que l'auteur nous rapporte ingénument fut d'avoir frustré la langue poétique d'un pareil chef-d'œuvre.

Cependant les choses du ministère allaient à l'aventure; le personnel se recrutait sans choix, d'abord d'incapables, puis de fripons, et la dilapidation succédait à l'incurie. Bonaparte, qui voulait un ordre sévère dans toutes les parties de l'administration, lava la tête à son ministre, et celui-ci, d'un geste de dépit et de colère, fit voler dédaigneusement son portefeuille sur la table du premier consul, non sur son nez, comme on l'a prétendu, ajoute Lucien, que nous croyons aisément sur ce point. Défendu par Lætitia, par Joseph et aussi par le souvenir de son rôle en Brumaire, il ne fut frappé que d'une demi-disgrâce et retomba du ministère de l'intérieur sur l'ambassade d'Espagne. La chute était molle et tout à fait au goût du personnage. La charmante situation que celle de diplomate dans le pays des mantilles! Il mit dans sa valise un *Traité des ambassades* et se flatta de parfaire son éducation professionnelle dans le trajet de Paris à Madrid. Un passage d'une lettre qu'il adresse d'Orléans à Élisa, le jour anniversaire du 18 Brumaire, témoigne naïvement de l'idée qu'il se faisait de la gravité de ses fonctions nouvelles :

« Il y a un an, à cette époque, j'affrontai la mort pour obtenir la puissance; j'abdique aujourd'hui la puissance pour vivre heureux ». Lucien ne faisait aucune différence entre la diplomatie et la béatitude.

Les notes qu'il a laissées sur son séjour en Espagne sont d'une agréable lecture, mais d'une observation superficielle et volontairement bénigne; on dirait qu'il n'a pas voulu gâter sa félicité en se donnant la peine d'enfoncer dans les choses. Et pourtant jamais cour n'offrit un plus riche spectacle à la verve d'un satirique. Un roi qui entend son métier d'une étrange façon, qui, dès le matin, habits bas, manches retroussées, forge, tourne et rabote avec rage, ne quitte ses ateliers que pour ses écuries, caresse ses chevaux, rosse ses palefreniers, déploie à table un formidable appétit, va digérer à la chasse, où il occupe et éreinte chaque jour à battre la montagne près de 700 hommes et 500 chevaux, donne juste un quart d'heure aux effusions de famille, une demi-heure aux affaires d'État et termine la journée par une partie d'hombre où il s'endort d'un sommeil invincible qui finit par gagner ses partenaires et toute la galerie; époux d'ailleurs aussi chaste et aussi naïf que sa femme est dépravée, et parfaitement convaincu que l'adultère ne saurait approcher du trône, surtout du trône d'Espagne; une reine s'abandonnant aux fantaisies les plus éhontées, follement éprise d'un homme qui l'insulte, la bat, la trompe, la torture du récit de ses infidélités, finit par se lasser de ses appâts et de ses feux surannés, passe son rôle d'amant à d'autres qu'il choisit, désigne, impose lui-même, la tient ainsi dans son infâme dépendance, et, une fois maître du pouvoir, associe les mœurs d'un sultan aux caprices d'un despote, voilà les personnages que Lucien peut observer à loisir et qu'il nous représente sous les plus aimables couleurs. Avouez pourtant qu'ils étaient faits pour étonner un observateur même moins imbu du virus révolutionnaire, et que Brutus Bonaparte était trop converti. Il ne reproche guère à la cour d'Espagne que la rigueur de l'étiquette, qui obligeait à saluer les souverains en ployant mollement les genoux, sans incliner le corps, et la façon dont il parle de cette révérence et de ses efforts pour la réussir donne à penser qu'il avait les jambes moins flexibles que les opinions.

Le nouvel ambassadeur se distingua surtout dans la partie gracieuse de sa mission. S'il ne déploya pas assez d'activité et de vigueur pour faire partir des ports espagnols les munitions et les vivres qui auraient pu sauver l'armée d'Égypte; s'il laissa la paix se faire trop vite et à des conditions trop douces entre l'Espagne et le Portugal, il présida fort galamment le cérémonial de la remise à la reine des trois douzaines de robes que lui offrait le premier consul au nom de la république française, et négocia avec succès la paix de Toscane qui faisait de la fille de S. M. Très Fidèle une reine d'Étrurie.

« Ambassadeur à l'eau de rose, carafe d'orgeat », disait Bonaparte de son représentant en Espagne, et celui-ci n'en continuait pas moins de se parer à Madrid du frère qui l'insultait à Paris, et de recueillir sous les formes les plus diverses le bénéfice de sa parenté. Le favori de la reine le voyait déjà chef d'État, roi de la Cisalpine et lui demandait son alliance; la reine l'entretenait confidentiellement des partis qui s'offraient pour sa fille en lui laissant deviner le gendre qu'elle rêvait entre tous, celui qu'elle tenait dès lors pour le maître de l'Europe. Lucien savourait toutes ces gâteries, refusait les titres et les décorations, qui n'avaient qu'un médiocre prestige au delà des Pyrénées, mais acceptait certaines marques de faveur ayant cours dans tous les pays : vingt tableaux de maîtres et 100 000 écus de diamants montés, pour la paix de Toscane, autant pour la paix de Portugal. On voit pourquoi Lucien pacifiait toujours, pacifiait à outrance.

Outre les diamants montés, il y avait les diamants en sacs, et on le comble de ces petits sacs : Lucien se laisse faire, et, sur le point de rentrer en France, se résigne à cet excédent de bagages. « Rappelez-moi vite, écrivait-il à son frère, je vous avoue que ma faveur politique et individuelle me pèse, surtout parce que vous semblez ne pas me rendre justice. » Lucien était impatient de sauver sa dignité et le reste. Il reçoit enfin ses lettres de rappel et se met en route avec ses sacs ficelés, numérotés, protégés par une bonne escorte. Deux escadrons accompagnaient l'ambassadeur et sa fortune : l'un ne quittait pas l'autre, voyageait avec elle dans la même voiture, couchait dans la même chambre, la comptait et recomptait avec l'aurore. Un matin, dans une auberge de Castille, il oublie un lot de diamants : dès la première halte il constata l'absent, mais que faire? Revenir sur ses pas? le chemin de la montagne était si rude! Fouiller l'auberge? c'était donner l'éveil, exciter de redoutables convoitises. Situation vraiment critique, séparation douloureuse et qui pourtant s'accomplit! Lucien rentra en France avec un sac en moins. Il y avait dans les autres de quoi diminuer ses regrets, et un voyage à Amsterdam, le grand marché des diamants, lui donna la richesse et du même coup l'indépendance : l'eau de rose et le sirop d'orgeat lui avaient mieux réussi que les liqueurs fortes qu'il débitait à Saint-Maximin.

VIII

Le dégoût des honneurs que Lucien affectait dans ses lettres d'Espagne ne lui dura guère ; un fat gâté par la fortune ne devient pas sage à vingt-cinq ans. Une espérance hardie, que quelques-uns encourageaient par flatterie ou par cabale, séduisit son imagination : il rêva tout simplement la présidence de la république à l'expiration des pouvoirs de son frère, et ce dont il s'inquiéta le moins, ce fut du poids de la succession. Seulement, il ne pouvait présider la république que si le premier consul ne la supprimait pas, et c'est pourquoi il s'avisa de devenir ou de redevenir républicain, pour la faire durer à son profit. D'autre part Joseph, quoique d'ambition moins impatiente, se sentant tous les jours devenir de plus en plus petit devant son cadet, se rattachait aux opinions libérales et à son titre de sénateur pour tâcher de le faire compter avec lui. Pauvres libertés nationales réduites à de pareils avocats! Ces retours et ces conflits d'opinions amènent entre les trois frères des scènes piquantes ou orageuses qui sont à lire. L'attitude et le ton de Joseph et de Lucien en face du premier consul; chez l'un, un reste de franchise et d'audace et comme les dernières protestations de son droit d'aînesse; chez l'autre, un respect caressant mêlé d'un simulacre de dignité et d'une pointe d'indépendance; enfin, chez Bonaparte, une condescendance familière et voulue, une courte bonhomie qui s'offense de la moindre objection et tourne subitement à l'ironie sarcastique, au mépris écrasant ou à l'accès de fureur, ce sont là des traits qui ont leur nouveauté et leur prix.

La discussion s'engage à propos de la Louisiane que Lucien avait fait céder à la France par l'Espagne et que Bonaparte projetait de vendre à l'Amérique; mais il s'agit moins du sort d'une colonie française que de celui de la France elle-même. Cette vente sera-t-elle faite avec ou sans l'assentiment des Chambres, et la nation a-t-elle encore le droit de dire son mot sur ses propres affaires? tel est le fond du débat. Les dernières écailles seraient tombées des yeux à ceux qui voulaient douter encore des desseins de Bonaparte, s'ils avaient pu l'entendre s'expliquer en famille. Quelle douce gaieté lui cause l'idée de la mobilité populaire, des ovations que lui prodiguent ces bons Parisiens qu'il mitraillait naguère sur les marches de Saint-Roch! Quel profond et tranquille mépris pour les formes légales! Quelle volonté froidement arrêtée de ne point souffrir l'ombre d'une contradiction ni dans l'État, ni chez les siens! Je ne relève pas le fou rire dont il est pris en entendant Lucien, le « chevalier du 18 Brumaire » invoquer le respect des constitutions établies ; ce rire était naturel et bien placé : ce qu'il faut retenir, c'est « l'accent énergiquement sérieux et solennel » de sa réponse à Joseph qui le menaçait de l'opposition des Chambres et de la sienne :

« Vous n'aurez pas besoin de vous porter en orateur de l'Opposition, car je vous répète que cette discussion n'aura pas lieu, par la raison que le projet qui n'a pas le bonheur d'obtenir votre approbation, conçu par moi, négocié par moi, sera ratifié et exécuté par moi tout seul, entendez-vous bien? par moi, qui me moque de votre approbation.... »

Déjà Napoléon perçait sous Bonaparte.

Percer est trop peu dire : il éclate tout entier dans ces entretiens, et il y éclate non seulement avec son despotisme réfléchi, mais encore avec son emportement, avec sa fougue moitié naturelle, moitié calculée, se fouettant elle-même pour inspirer plus d'épouvante. Seulement, dans ce cadre familier, dans l'abandon et les vulgarités de la vie intime, Jupiter, qui ne veut en somme pas trop de mal aux siens, tonne de trop bas et d'un bras trop raccourci pour que l'effet ne soit pas plus plaisant que terrible. Lucien prend un malin plaisir à insister sur l'avortement comique de ces violences. Le premier consul est dans son bain au moment où il fait à Joseph la hautaine déclaration que nous venons de rapporter : Joseph, piqué au vif, lui réplique par une mordante allusion aux républicains déportés à Sinnamari pour un attentat qui n'était pas le leur. « Vous êtes un insolent, je devrais... », s'écrie Bonaparte, qui se dresse à demi hors de sa baignoire, et, renonçant aussitôt à cette posture vengeresse, se replonge brusquement dans le bain. L'eau projetée par ce soubresaut inonde le visage et les vêtements de Joseph. « *Quos ego...*, dit gaiement Lucien. — Ton Dieu est bien fou », grommelle Joseph, apaisé par ce flot d'eau tiède, tandis que le valet de chambre du consul, qu'il avait eu autrefois à son service, le sèche de son mieux. « Toujours poète à l'occasion », ajoute Bonaparte, heureux de terminer cette querelle en souriant à une allusion plus inoffensive que la précédente. Il avait à peine dit, que le valet de chambre, qui finissait d'essuyer Joseph, s'affaisse et tombe évanoui : le brave homme n'avait pu résister au contre-coup de cette scène. Bonaparte s'émeut ; Lucien se précipite vers la sonnette, Joseph vers l'homme à terre; Roustan entre effaré. Tous trois relèvent, soutiennent le trop sensible serviteur et le conduisent doucement au cabinet voisin, où il achève de reprendre ses sens : ce fut la seule victime de cette tempête dans une baignoire.

Une heure plus tard, Bonaparte, cette fois hors du bain, rengageait le débat avec Lucien, bondissait de nouveau sous une parole de défi de son interlocuteur, menaçait de le briser comme la tabatière qu'il tenait à la main, ne brisait ni sa tabatière, dont le tapis amortissait la chute, ni Lucien, qu'il nommait peu après membre du Tribunat, avec mission de soutenir le Concordat et l'institution de la Légion d'Honneur. Lucien s'acquitta même si bien de son rôle, qu'il devint sénateur et grand-officier de l'ordre.

IX.

Ce retour de faveur fut court et suivi d'une disgrâce profonde et définitive. La cause de cette disgrâce, la façon dont elle fut supportée, sont tout à l'honneur de Lucien. Une jeune femme, Mme Jouberthon[1], que son mari avait abandonnée pour aller chercher la fortune aux Indes, où il n'avait trouvé que la mort, le séduisit par l'éclat de sa beauté et les grâces de son esprit : ils se lièrent. Un fils leur naquit : les deux amants s'unirent secrètement par un mariage religieux. Cependant Joséphine recherchait Lucien pour sa fille Hortense et s'étonnait de sa froideur. Bonaparte lui offrait la main de la jeune veuve du roi d'Étrurie, qui déjà l'avait remarqué en Espagne, mais Bonaparte n'était pas l'homme

---

1. Elle était née Alexandrine de Bleschamp, d'une famille noble de Saint-Malo; elle avait trois ans de moins que Lucien.

qu'il fallait pour persuader un amoureux. Il éprouva un mélange d'irritation et de surprise en l'entendant refuser une reine, et une reine qui était « une femme très propre » (ce fut la louange toute particulière qu'il lui donna); mais, ne pouvant croire à la persistance de ce refus, il se réserva de revenir à la charge. Il n'en eut pas le temps. Un soir qu'il y avait concert aux Tuileries, au moment où les sons du cor le tiraient du sommeil, auquel il s'abandonnait volontiers en ces occasions, Roustan lui remet une lettre; il l'ouvre, pâlit, se dresse de son fauteuil et, d'une voix de commandement à être entendu d'une armée, il s'écrie : « Qu'on cesse la musique! qu'on cesse! » Les instruments s'arrêtent, les musiciens demeurent la bouche béante, le regard ahuri, tandis que Bonaparte, marchant à grands pas, agitant ses bras en télégraphe, répète d'une voix sourde : « Trahison! trahison! c'est une véritable trahison. — Mais qu'est-il arrivé? De quoi s'agit-il? » demande Joséphine d'une voix suppliante; et lui, d'un ton saccadé mais assez haut pour être entendu de tout le monde : « Ce qui est arrivé ? ce dont il s'agit ? Eh bien !... sachez que Lucien a épousé sa coquine. » La lettre était de son frère qui lui annonçait son mariage civil.

Murat, qui régala Lucien de ce plaisant récit, lui fit grâce du dernier mot, qui aurait pu gâter le régal. Le jeune amoureux savourait, en l'écoutant, la générosité de sa résolution assaisonnée du ridicule éclat de la colère fraternelle, mais sa gaieté ne fut pas de longue durée.

Bonaparte n'était pas homme à respecter une union que l'amour, la religion, la loi avaient faite, mais qui n'était pas à sa convenance : il entreprit de courber ou de briser cette volonté qui osait braver la sienne, d'amener son frère, de gré ou de force, à faire de sa femme une concubine et des bâtards de ses enfants. L'empire à peine fait, une loi déclare nulles toutes les alliances des membres de la famille impériale conclues sans le consentement de l'empereur : un sénatus-consulte prive Lucien de ses droits de succession à la dignité impériale; l'exil lui est montré comme inévitable : « Il faut, disait Napoléon au cardinal Fesch, ou qu'il n'y ait jamais eu de mariage, ou que Lucien, relégué dans un coin de l'Europe, porte toute sa vie des signes de ma malédiction ». Pour vaincre son obstination, il use de tous les moyens, même de la douceur. Dans l'entrevue qu'il a avec lui à Mantoue en 1807, il emploie tour à tour l'intimidation et les caresses. Tantôt il le menace de le déposséder, ou, pour répéter son étrange jeu de mots, de le priver même de sa vie privée, dans laquelle il prétend trouver un refuge; tantôt il avoue qu'il a trop exigé de lui, il ne lui demande plus que le divorce, ce qui est une reconnaissance implicite de son mariage; à ce prix, il fera de lui un prince français, de sa femme une duchesse de Parme, de la fille née de sa première union une reine, une impératrice peut-être (il va tout à l'heure multiplier les allusions à son divorce avec Joséphine). Sa voix s'anime, son œil étincelle, ses promesses grandissent; il se penche sur une vaste carte qu'il était en train d'épingler à l'arrivée de Lucien ; il y cherche un royaume pour son frère ; il taille, il dépèce l'Europe comme sa proie et en jette un morceau à qui lui plaît.

Voulez-vous Naples ?... Je l'ôterai à Joseph.... L'Italie ? le plus beau fleuron de ma couronne impériale ! Eugène n'en est que le vice-roi. D'ailleurs Eugène ne me convient plus en Italie avec sa mère répudiée...L'Espagne ? Ne la voyez-vous pas tomber dans le creux de ma main, grâce aux bévues de vos chers Bourbons et à l'ineptie de votre ami, le prince de la Paix. Ne seriez-vous pas bien aise de régner là où vous n'avez été qu'ambassadeur ?...

Quelle attitude ! quel ton ! quelle beauté satanique sur le front du tentateur ! Jamais créature humaine atteignit-elle à ce degré d'orgueil et de puissance ?

« Sire, lui répondit Lucien, sachez que même votre beau royaume de France ne me tenterait pas au prix de mon divorce. » Fit-il réellement une aussi nette et aussi noble réponse, ou laissa-t-il, comme Napoléon le prétendit dans la suite, quelque doute planer sur ses intentions? On ne sait, mais ce qui est certain, c'est que lorsqu'il eut échappé au regard du fascinateur et touché son foyer, il retrouva la grâce et la force de vaincre. L'homme qui broyait les rois et les peuples échoua contre l'une de ces forces chétives qu'il raillait et méprisait, l'influence d'une femme aimée.

Nous ne suivrons pas Lucien jusqu'à la fin de sa carrière, qui, d'ailleurs, si l'on en excepte sa rentrée dans la vie publique pendant les Cent-Jours, ne nous offrirait plus le même intérêt; nous le quitterons sur ce refus généreux qui rachète beaucoup de ses faiblesses, et qui lui donna mieux qu'un trône caduc : un long bonheur intime qui consola toutes les vicissitudes de son existence, et un renom de courage et d'indépendance dont profite encore sa mémoire[1].

1. La seconde union de Lucien fut encore plus féconde que la première; Alexandrine de Bleschamp lui donna dix enfants, dont huit survécurent. Voir un livre publié depuis cette étude : *le Prince Lucien Bonaparte et sa famille* (Paris, Plon, 1889).

MÉMOIRES
DE MADAME DE RÉMUSAT

MÉMOIRES

DE MADAME DE RÉMUSAT[1]

Les *Mémoires de Mme de Rémusat*, œuvre d'un esprit pénétrant et fin, aussi apte à bien juger qu'en position de bien voir, resteront l'une des publications les plus importantes de notre temps. Le politique, l'historien, le moraliste y trouveront ample matière à étude et à réflexion. M. John Lemoine, qui leur a consacré deux articles dans le *Journal des Débats*, en a dégagé la maîtresse figure avec un relief saisissant; il a peint l'effroyable égoïsme de Bonaparte, de ce grand contempteur de

1. Calmann Lévy, 1880.

l'humanité, en paroles âpres et brûlantes, dignes d'encadrer les ïambes fameux de Barbier. Nous voudrions, pour notre part, signaler quelques aspects plus particuliers, mais curieux encore, de ces Mémoires; décrire en traits rapides la nouvelle cour née avec l'Empire, l'attitude, les façons, l'humeur qu'y porte le maître, les sentiments des siens dans leur grandeur de fraîche date, et, avec la physionomie de quelques-uns de ses principaux serviteurs, le ton, l'allure, les mœurs de la foule des courtisans.

I

Bonaparte, en s'entourant d'une cour, obéissait avant tout à une pensée politique : il voulait séduire en éblouissant ; rallier la vanité française en la repaissant de distinctions idéales ; ajouter à son jeune empire le prestige des vieilles monarchies. Mais ce qui servait ses intérêts ne laissait pas de flatter son orgueil : avec le plus beau génie du monde, on se surprend parfois à goûter les puériles satisfactions du parvenu. « Allons, petite créole, avait-il dit à Joséphine en s'établissant aux Tuileries, venez vous mettre dans le lit de vos maîtres. » Qui sait si le petit gentilhomme corse ne s'émerveillait pas de cet emménagement inouï presque autant que la petite créole ? Malheureusement, il est plus facile de changer d'appartement que d'habitudes, et, par sa naissance, par son éducation, par son tempérament, Bonaparte n'était nullement préparé à s'acquitter de cette partie délicate du métier de souverain qu'on appelle la représentation. Ce n'était pas à la guerre, ni dans la vie de garnison qu'il avait pu trouver le temps et l'occasion de se polir; et le bon ton d'ailleurs, même en dehors des camps, était le dernier des soucis de la société nouvelle. Jamais personnage couronné ne s'éloigna davantage de ce type classique du souverain qui s'est comme incarné dans Louis XIV. Qu'on se rappelle le prince tant de fois décrit par Saint-Simon, la grâce majestueuse de sa démarche, de son geste, de son langage, sa politesse attentive et mesurée au rang, au sexe, à l'âge, la dignité sensible qu'il portait dans ses moindres actions, et qu'on rapproche de ce modèle de toutes les royales bienséances le César décrit par Mme de Rémusat, quels frappants et plaisants contrastes! Il a des ignorances, des distractions, des brusqueries, des violences mortelles au décorum. Il ne sait comment on entre dans un salon, comment on en sort; comment on s'assoit, comment on se lève, bien moins encore quelle main il faut offrir aux dames. A table, il saisit le premier plat à sa portée et commence souvent son dîner par la crème ou par les confitures. Quand il s'habille, il maltraite et bouscule les valets qui l'assistent, et si le vêtement qu'on lui offre lui déplaît, il le met sous ses pieds ou le jette au feu. Il se laisse aller à des attitudes qui n'ont rien d'auguste, soit qu'il tisonne avec ses bottes, soit qu'il se mette à cheval sur une chaise, le menton appuyé sur le dossier, pour causer plus à l'aise. L'un de ses gestes familiers est de tirer l'oreille aux gens, quel que soit leur rang ou leur sexe, et l'oreille de Mme de Rémusat jouit souvent de cette distinction. Imaginez Louis XIV usant de cette privauté avec l'une des dames de la reine, par exemple avec l'arbitre suprême de toutes les hautes convenances, la duchesse de Richelieu : la noble dame eût tremblé pour la raison de Sa Majesté, et Saint-Simon éperdu n'eût fait qu'un saut chez Fagon. Si quelque flatteur mal inspiré lui adresse, avec la meilleure intention du monde, un souhait qui contrarie ses vues secrètes, il devient subitement furieux, met le poing sous le menton du maladroit, ce maladroit fût-il maréchal de France, et il le pousse jusqu'à la muraille en le traitant tout crûment d'imbécile. Comparez ce ton, ce geste au beau mouvement du grand roi jetant sa canne par la fenêtre pour n'être pas tenté d'en frapper ce petit insolent de Lauzun qui venait de lui reprocher un manque de parole et de briser son épée sous son talon, en jurant de ne le servir de sa vie.

Il est juste de remarquer que la cour n'en sait guère plus long que le souverain sur le chapitre des convenances. La tourmente révolutionnaire avait emporté, avec beaucoup d'autres choses, les vieilles traditions de la politesse française. Cette fine culture mondaine qui de Versailles, comme de son centre, se répandait jusque dans les plus lointaines provinces, s'était effacée en moins d'une génération. La nation réputée pour l'aisance supérieure de ses façons avait désappris ces attitudes, ces gestes, ces mouvements où elle triomphait par sa grâce savante et légère ; la France, qui le croirait ? ne savait plus faire la révérence. Les dames de Joséphine, se sentant si novices, se regardèrent avec effroi ; mais il n'y avait pas moyen de se dérober ou de se défendre ; le maître avait parlé ; leur amour-propre ne parlait guère moins haut ; elles n'hésitèrent pas, et, pour acquérir les talents de leur charge, elles se remirent bravement à l'école.

Heureusement, la Révolution avait épargné un célèbre maître de danse, Despréaux ; on s'empresse autour de ce personnage tombé en désuétude, on se le dispute comme le code vivant des convenances, on apprend en toute hâte à devenir grande dame. Restait aussi Mme Campan, la première femme de chambre de Marie-Antoinette : on la presse de questions, on lui fait raconter par le menu les habitudes intimes de la reine de France. Mme de Rémusat reçoit la mission officielle de tenir la plume sous sa dictée, et il en résulte un énorme cahier qui va grossir la liasse des Mémoires remis de tous les côtés à Bonaparte. On eût dit un concours d'érudits étudiant, approfondissant une question de haute antiquité ; et l'objet de ces recherches, j'allais dire de ces fouilles, était les grâces de cour mortes quinze ans en deçà! M. de Talleyrand présidait avec un sang-froid ironique à ces graves efforts, et, de son fin sourire, mieux informé que beaucoup de lourds Mémoires, fixait le point discuté des convenances.

Non seulement on ressuscite les anciens usages de la cour de France, mais on en importe de nouveaux des cours étrangères. Le piquant, c'est que l'auteur de l'importation est Bonaparte lui-même. Eût-on jamais attendu de sa part cette ferveur de cérémonial? Il est vrai qu'il fut le premier à s'en mordre les doigts. Il avait vu à Munich toutes les personnes de la cour défiler en s'inclinant devant le roi et la reine de Bavière ; il veut, lui aussi, recevoir ce solennel hommage; il se place gravement sur le trône avec l'impératrice à sa gauche, les princesses et les dames d'honneur sur des tabourets, les grands-officiers debout des deux côtés. Le défilé commence et d'abord ravit son imagination, agrée à son orgueil; mais bientôt son impassible majesté lui pèse; il s'impatiente, il s'agite sur son siège; bref, il s'ennuie, et l'on a toutes les peines du monde à le retenir à sa place jusqu'à ce qu'il ait subi les dernières révérences, pressées et brusquées par son ordre.

Rétif à toute espèce de contrainte, il ne peut supporter même celle de l'étiquette qu'il vient de créer; dès qu'elle le gêne, il s'en dégage et s'en rit. Aussi bien répugne-t-elle à l'habituelle impétuosité de son allure. Observez-le dans son naturel : il ne marche pas, il se précipite; il ne monte pas sur le trône, il s'y élance, et vous venez de voir comment il s'y tient. Cet invincible élan trouble l'ordre pompeux de ces cérémonies où il s'agit moins d'arriver que d'aller, où les grâces de la démarche, les splendeurs du costume cherchent et captivent les regards. Lors du mariage de Stéphanie de Beauharnais avec le prince de Bade, l'empereur, qui donne la main à la mariée, l'entraîne à l'autel plutôt qu'il ne l'y conduit; derrière lui se hâtent les dames du palais pressées par des chambellans impitoyables qui courent comme des aides de camp sur les flancs du cortège, en s'écriant avec une émulation peu galante : « Allons, allons, mesdames, avancez donc! » La vanité et la coquetterie féminines prennent le pas accéléré, sans plus songer à ravir les cœurs au passage; on relève et on ramasse sur son bras ces magnifiques traînes faites pour ondoyer sur les parvis et les degrés du palais, et on se console à la française, en riant de l'embarras et du dépit des retardataires. Telle comtesse d'origine étrangère, accoutumée aux lentes évolutions des cours du Nord, maugrée contre ce train de postillons, et demande la jupe courte pour les dames du palais, afin de mettre le costume en rapport avec l'emploi. Plus loin, à la tête du cortège, M. de Talleyrand, qui, comme premier chambellan, doit ouvrir la marche, sue, peine, s'évertue de ses jambes grêles et inégales; mais, toujours maître de ses impressions, il déguise sous un flegme imperturbable l'irritation qu'il éprouve de sentir sur ses talons le pas impatient du maître et les sourires moqueurs des aides de camp.

II

Point d'étiquette sans préséances ; point de préséances sans que les amours-propres entrent en lutte, se glorifient ou se lamentent pour de misérables avantages obtenus ou refusés. Le mal sévit d'abord dans la famille impériale, et l'enfantement de la dynastie nouvelle ne s'accomplit pas sans de poignantes déceptions. Le premier repas où les femmes de Joseph et de Louis reçurent la qualification de princesse fut un long supplice pour Mesdames Baciocchi et Murat (Élisa et Caroline Bonaparte). Chaque fois qu'elles entendaient saluer leurs belles-sœurs de ce titre superbe, leur cœur se déchirait. Mme Baciocchi, plus âgée et plus maîtresse d'elle-même, ne trahissait sa souffrance que par des tons brusques et hautains ; mais la douleur prit à la gorge Mme Murat. Vainement elle essaya de se débattre, vainement elle avala coup sur coup de grands verres d'eau pour calmer ou dérober sa crise, les larmes gagnaient toujours. Avec son extrême jeunesse, son teint éblouissant, sa blonde chevelure entremêlée de fleurs, sa robe couleur de rose, elle avait l'air d'un enfant ; mais cet enfant, au cœur ulcéré et aux traits bouleversés par la passion d'un autre âge, inspirait moins de pitié que de dégoût.

Le jour suivant, il y eut une scène de famille dont les éclats retentirent à travers la muraille jusque dans le salon des dames du palais. C'étaient, de la part des deux déshéritées, des protestations passionnées contre l'obscurité et le mépris où on voulait les ensevelir, et, du côté de Bonaparte, des réponses sèches, dures, caustiques. Bientôt Mme Murat tombait évanouie sur le parquet ; Bonaparte alors, de s'émouvoir, de mollir, de caresser, de promettre. Le lendemain, le *Moniteur* annonçait que Mmes Baciocchi et Murat auraient désormais le titre d'*Altesses Impériales* : c'était là le mot magique, la goutte d'élixir qui avait rappelé à la vie Caroline expirante.

Mais de nouvelles épreuves attendaient ces vanités à demi consolées ; la plus pénible fut de porter dans la cérémonie du couronnement le manteau de l'impératrice. Ces orgueilleuses bataillèrent longtemps avant de se soumettre, et encore ne se soumirent-elles qu'à la condition de recevoir elles-mêmes l'honneur qu'elles étaient forcées de rendre, c'est-à-dire d'avoir la queue de leur robe portée par un chambellan : leur dignité, humiliée d'un côté, se relevait de l'autre. En dépit de cette compensation, leur superbe eut à la dernière heure un réveil de dégoût : au moment de marcher de l'autel au trône, elles soutinrent le manteau d'une main si languissante que le cortège allait s'arrêter, si quelques brèves paroles de Bonaparte ne leur avaient rendu subitement le nerf avec l'obéissance. Qu'on s'étonne ensuite des dédains et des délicatesses des princesses de vieille souche, quand celles-ci, nées d'hier, dont on jasait encore à Marseille où chacun avait été témoin de leur vie chétive et précaire, atteignaient d'un seul bond à cette hauteur d'insolence. Tout à l'heure, Caroline, mariée à un fils d'aubergiste, ne trouvera pas la femme d'Eugène de Beauharnais, la princesse Auguste de Bavière, d'assez bonne maison pour se résigner à lui céder le pas, et elle tombera subitement malade pour échapper à un tel affront.

Cette fièvre d'envie qui tourmentait la famille impériale gagna de proche en proche et courut bientôt tout le palais. On se passionna pour ces distinctions que Bonaparte jetait en appât à la vanité et à la frivolité de notre race, pour un cordon, pour une légère différence de costume, pour l'accès d'un salon, pour le passage d'une porte. Ce torrent d'égalité qui avait passé sur la France avait courbé, non déraciné les amours-propres; ils se redressaient de plus belle, d'autant plus âpres et plus avides qu'ils avaient été plus longtemps frustrés.

Toutes les têtes tournaient, celles des femmes un peu plus fort que les autres. Les faveurs faites à celles-ci désespéraient celles-là et provoquaient de plaisants effets de dépit concentré ou de douleur bruyante, comme ceux qui suivirent quelques préséances accordées aux dames du palais. La beauté de Mme Maret en sécha de jalousie ; la douce et charmante Mme de la Valette, née Beauharnais, qui devait plus tard s'illustrer par l'héroïsme de sa tendresse conjugale, n'eut pas le cœur assez fort pour supporter l'humiliation de ne plus marcher à côté de sa tante, et l'on eut toutes les peines du monde à calmer ses lamentables sanglots. Relevons pourtant, même en aussi futile matière, quelques traits à l'honneur de cette cour. Tout n'est pas vain ni misérable dans ces rivalités d'amour-propre, et l'on entend parfois les gens qui se disputent le pas rappeler et comparer, non les origines et les prouesses reculées de leurs ancêtres, mais de jeunes et éclatantes victoires qu'ils ont gagnées de leur épée, arrosées de leur sang. Ce sont les héros eux-mêmes, non leurs lointains et chétifs descendants, qui s'abordent et se mesurent. Un rayon de leur gloire brille aussi sur le front de leurs femmes et les anoblit aux yeux de celles qui portent le nom de moins vaillants époux. La maréchale Ney est la fille d'une simple femme de chambre de Marie-Antoinette, mais elle est mariée au *brave des braves*, et on lui passe, en souriant, sa fière démarche et ses airs enivrés.

III

Quelques beaux titres personnels que fit sonner la nouvelle noblesse, tant que l'empereur n'eut pas séduit et rallié l'ancienne, il put croire n'avoir pas une vraie cour. La conquête était deux fois tentante : utile au politique, elle caressait l'orgueil du soldat de fortune. Bonaparte était plus sensible qu'il ne voulait le paraître au prestige du nom. Lorsqu'il avait épousé la veuve du vicomte de Beauharnais, il avait été flatté de l'idée de contracter une grande alliance. Au début de son consulat il avait recherché les personnes qui se rattachaient à l'élite de la société, et Mme de Rémusat lui avait inspiré un goût mêlé de respect, parce qu'elle était à ses yeux une façon de grande dame. Maintenant il en savait un peu plus long sur les généalogies et voulait des nobles de plus vieille souche. Ceux-ci, d'autre part, mesurant à son éclat la solidité du nouvel édifice, étaient tout prêts à se laisser faire une douce violence. Ces vieux usages ressuscités, ce trône, ce cérémonial, ces grands cordons, ces charges de palais, tous ces mots que la langue semblait avoir désappris, et qui venaient de nouveau frapper leurs oreilles, exerçaient une sorte de fascination sur ces grands seigneurs las de bouder, de s'effacer, de n'être rien. Ils voyaient les palais se repeupler, s'animer, resplendir; aux Tuileries, à Saint-Cloud, à Fontainebleau, on défilait, on s'inclinait, on dansait, on courait le cerf; des manants naguère en sabots entraient dans leurs habits, dans leurs emplois, jouaient leurs personnages favoris, et ils n'avaient qu'à faire un signe pour évincer tous ces rustres et rentrer tête haute dans la maison de leurs ancêtres. La tentation était trop forte; le signe fut fait, et l'on entendit retentir dans les galeries des palais impériaux les noms sonores des La Feuillade, des Mortemart, des La Rochefoucauld, des Montmorency.

Il y avait, du reste, déjà quelque temps

que cette vieille noblesse avait un pied dans la maison. Quand Bonaparte n'était encore que premier consul, des femmes titrées, pour obtenir en faveur de leurs proches des restitutions de biens, allaient volontiers solliciter Joséphine. Elles croyaient ne se commettre qu'à demi en visitant la veuve de M. de Beauharnais, qui recevait au rez-de-chaussée des Tuileries ; elles continuaient d'ignorer le pouvoir qui logeait au premier étage. Mais l'Empire vint avec ses dignités, ses distinctions honorifiques, ses séductions et ses largesses de tout genre ; ce n'étaient, après tout, que quelques degrés de plus à monter, un rapide dégoût, suivi d'une pluie de faveurs. Ces degrés, il est vrai, étaient encore humides du sang du duc d'Enghien. — Oui, mais il y a telle façon de marcher, en relevant fort proprement sa traine, qui évite toute éclaboussure : ce fut celle dont on usa. Dans l'émotion qui avait suivi la scène sanglante des fossés de Vincennes, une très noble dame n'avait pas craint de dire à Mme de Rémusat, en présence de

Joséphine elle-même : « Tous mes sens sont si révoltés, que si votre Consul entrait dans cette chambre, à l'instant vous me verriez le fuir comme on fuit un animal venimeux. » Quelques mois plus tard, celle qui tenait ce fier langage devenait dame d'honneur de l'impératrice et donnait gaîment la réplique à l'*animal venimeux*, quand celui-ci ne dédaignait pas de converser avec elle.

N'allez pas, je vous prie, vous hâter de crier à l'apostasie. Mme de la Rochefoucauld ne prenait du nouveau régime que ce qui lui était agréable ou utile, et prétendait concilier sa situation présente avec toutes les opinions des gens bien nés. Sa pétulante vanité se plaisait aux entreprises téméraires et aux piquants contrastes. Petite et mal faite, elle avait recherché et obtenu les succès galants; première dame d'honneur, elle restait en coquetterie avec les opinions déchues, plaignait et défendait la reine de Prusse, se faisait le chef de l'Opposition féminine autour de l'impératrice; elle gardait, en un mot, le trait caractéristique de la grande dame volontairement fourvoyée chez un parvenu : la suprême impertinence. Seulement, en certains jours, le parvenu, dont ces propos factieux échauffaient les oreilles, la tançait et la rudoyait avec une énergie dont elle n'allait pas se vanter dans le faubourg Saint-Germain.

Ce genre d'audace était rare dans la nouvelle cour; il fallait être femme, femme d'esprit, et, de plus, duchesse incontestée, pour braver ainsi la colère de l'empereur. On n'est guère avec lui que sur la défensive; c'est lui qui provoque, qui blesse le premier de quelque parole brusquement familière. « Comment va la langue? » demande-t-il à Mme de Coigny, qu'il savait prompte à l'épigramme. Nous ignorons ce que répondit cette bonne langue de Mme de Coigny, mais Mme de Chevreuse n'eut pas la sienne dans sa poche, le jour où il lui adressa ce compliment un peu sauvage : « Vous êtes rousse, madame. — C'est possible, Sire, mais aucun homme ne me l'avait encore dit. » Mme de Souza se tire fort joliment d'une question à dessein désagréable qu'il lui jette du haut du perron de Saint-Cloud. Récemment revenue de Berlin, elle arrivait faire visite à l'impératrice, juste au moment d'un départ pour une chasse à courre. L'empereur l'aperçoit, et vexé de ce contretemps : « Ah! vous venez de Berlin? Eh bien, y aime-t-on la France? » Si je réponds *oui*, pensa-t-elle, il dira : « C'est une sotte », si *non*, il y verra de l'insolence. « Oui, sire, répondit-elle ; on y aime la France... comme les vieilles femmes aiment les jeunes. » Le visage de l'empereur s'éclaira. « Oh! c'est très bien, c'est très bien », s'écria-t-il à deux reprises, charmé de la finesse et de l'à-propos de la réplique.

Tout esprit d'intrigue était impitoyablement proscrit. Maints grands seigneurs, en franchissant le seuil de ces palais où ils avaient brillé dans leur jeunesse, avaient essayé de reprendre leurs façons, leurs pratiques, leurs cabales, leur âme de courtisan : un regard sévère, une parole cassante, en leur rappelant la différence des temps et des princes, avait coupé court à cette ambitieuse obséquiosité qui ne rampe que pour s'élever, et l'avait changée en une attitude de muette obéissance. Ce personnage souple et captieux, dont Saint-Simon nous a laissé cent fines et mordantes médailles, on le cherche en vain dans les *Mémoires* de Mme de Rémusat, et c'est plutôt le modèle qui semble avoir manqué au peintre que le peintre au modèle.

La platitude des courtisans ne sait même plus se cacher sous la grâce et la finesse du langage. Les mots de Talleyrand sentent toujours la vieille école, comme sa réponse à Bonaparte qui le questionnait malicieusement sur l'origine justement suspecte de ses grandes richesses : « Sire, j'ai acheté de la rente le 17 Brumaire ; je l'ai revendue le 19. » Mais combien Talleyrand a peu d'émules dans ce genre de flatterie légère! Comme l'adulation cependant est chose immortelle, celle qui a cours alors renouvelle, en les alourdissant, les louanges les plus fades de l'ancien régime.

La pluie du Champ de Mars, le jour où l'on y distribue les aigles, ne mouille pas plus que celle de Marly. Vainement elle traverse toutes les tentures, met en fuite l'impératrice et ses belles-sœurs ; elle respecte le courtisan, qui reste en place, serein et imperméable. Cette flatterie, risquée une seule fois sous Louis XIV et relevée d'un sourire plus fin que le mot, devient usuelle sous Napoléon, tourne au préjugé, au dogme de cour. Tout le château est convaincu que l'empereur ne peut commander une chasse ou une revue qui ne soit éclairée d'un soleil radieux. Le soleil brille : « Voyez ! » s'écrie toute la cour. Les nuages s'amassent et fondent en eau : la foi l'emporte, elle ne voit rien, ne sent rien, surtout ne parle de rien.

L'empereur n'était pas dupe de cette grossière adulation, mais elle ne lui déplaisait pas parce qu'elle était la preuve de sentiments parfaitement serviles. Envahir et maîtriser les âmes, les faire penser, vouloir agir par lui seul et pour lui seul, de façon à se multiplier et à se retrouver partout lui-même, dans ses ministres, dans ses administrateurs, dans ses généraux, dans ses courtisans et jusque dans ses maîtresses, tel est son but et son souci constant.

IV

Au premier rang de ces serviteurs que Bonaparte avait comme pétris de sa main et frappés à son effigie, il faut placer Duroc, le grand-maréchal du palais. Tout pénétré de ses idées sévèrement somptueuses, il fait régner l'ordre et l'économie dans la magnificence ; il tient registre exact du faste déployé, scrute tout, règle tout, jusqu'aux bénéfices des domestiques, jusqu'aux plus légères dépenses de bouche : pas un bouillon, pas un verre d'eau ne sort de l'office, qui ne soit autorisé par un bon de sa main. Son esprit et ses sens sont perpétuellement tendus pour le service de l'empereur. Tout ce qui se dit, tout ce qui se fait, il le retient, il le lui répète, ne grossissant rien, n'atténuant rien, réfléchissant les choses avec la netteté et la fidélité d'un miroir. Il ne transmet pas moins exactement ses ordres; ce sont les termes, l'accent, le geste du maître : Bonaparte semble s'être incarné dans son messager. Il n'éprouve pour son compte ni amitié ni haine; s'il lui arrive de penser, c'est tout au fond de lui-même, presque à son insu. Au dehors, il est impassible, glacé, muet. Marié à une vive Espagnole, il lui imprime son attitude, enchaîne son esprit et sa langue, et l'isole en pleine cour. Lorsque Bonaparte reçut en Allemagne la nouvelle de sa mort, il écrivit : « C'est depuis vingt ans la seule fois qu'il n'ait pas deviné ce qui pouvait me plaire ».

Savary, qui n'était pas né méchant, mais qui n'avait d'autre principe que sa consigne, obéit à cette consigne avec une effroyable candeur. Son dévouement brille et plaît par une parfaite absence de scrupules. On sait l'odieuse part qui lui revient dans le jugement et l'exécution du duc d'Enghien. Quoiqu'il ne fasse pas partie de la commission militaire réunie dans le château de Vincennes, debout derrière le fauteuil du général qui la préside, il pèse de sa présence sur la décision des juges; il retire la plume des mains du président qui allait transmettre au premier consul la demande d'une audience particulière, faite par le prince, avec le vœu du conseil de guerre en faveur d'une atténuation de peine; on devine, on redoute en lui le dépositaire de la pensée intime du maître, et les choses, sous sa secrète pression, marchent avec une effroyable célérité : le duc d'Enghien va de ses juges au peloton d'exécution qui l'attend dans le fossé du château, et qui a reçu l'ordre de charger ses armes une heure avant que la sentence fût rendue.

Cependant cette besogne nocturne si vivement menée n'a pas laissé de l'émouvoir : Mme de Rémusat qui l'aperçoit le matin, dès la première heure, dans le salon de la Malmaison, lui trouve le visage très pâle et tout décomposé. Il n'est encore qu'à ses débuts, mais il aura vite fait d'achever son éducation et d'endurcir son front avec son âme. Il vient un moment où la conscience semble en lui chose morte, et où, la rencontrant chez les autres, il ne sait plus ce que c'est. Pendant le séjour de Bonaparte à Vienne, la femme d'un émigré réfugié dans cette ville, Mme d'André, vint prier M. de Rémusat d'obtenir la grâce de son mari, dont il avait été le camarade de collège. Au seul nom de l'émigré, l'empereur déclara que s'il le savait à Vienne, et qu'il pût s'emparer de sa personne, il le ferait pendre dans les vingt-quatre heures. Peu après, Savary accourut chez M. de Rémusat le féliciter de la magnifique chance qui s'offrait à lui de faire sa fortune : il n'avait pour cela qu'à mander Mme d'André, à tirer adroitement de sa bouche le lieu où se cachait son mari, et à le révéler bien vite à l'empereur. Comme l'honnête chambellan se récriait à l'idée d'une telle trahison, Savary, traitant ses scrupules d'enfantillage et de singularité, le supplia de se montrer raisonnable, de ne pas laisser échapper une occasion unique, et, ne comprenant rien à la peine qu'il avait à le convaincre, il lui répétait sans cesse avec une surprise mêlée de compassion : « Mais vous manquez votre fortune ; je vous avoue que je ne vous conçois pas. » Duroc, qui valait beaucoup mieux que Savary, comprit la répugnance de M. de Rémusat, mais il ne put s'empêcher de le féliciter de son grand courage. Se refuser à cacher un délateur sous le masque d'un ami, à livrer un mari par les mains de sa femme, c'était, en ce temps-là, passer pour un héros ou pour un original.

Bonaparte ne souffrait pas plus l'indépendance du mérite que celle de la conscience. Toute supériorité naturelle lui faisait ombrage, à moins de se perdre, de s'abîmer dans la sienne. Il voulait être le maître et l'arbitre de la renommée de ses généraux, la borner ou l'étendre à sa seule convenance. Lorsqu'il rédigeait ses bulletins militaires, il tenait leur gloire au bout de sa plume et leur faisait bonne ou chétive mesure, selon qu'il craignait ou non leur importance ou leur popularité. Si Davout n'eût été aussi modeste, le vainqueur d'Iéna et l'histoire après lui l'auraient peut-être frustré de la part éclatante qu'il prit à la conquête de la Prusse. Il ne tarissait pas en éloges sur Desaix, mais Desaix était mort. Parfois un général apprenait par l'un de ses bulletins qu'il avait été particulièrement habile ou vaillant dans telle affaire; il subissait cette louange imméritée tombée de si haut, comme il eût subi le silence gardé sur un acte à son honneur. C'est ainsi qu'en 1812, dans la campagne de Russie, il vint à l'idée de l'empereur de gratifier Savary d'une action glorieuse, et pour ce mérite d'emprunt, dérobé sans doute à quelque brave officier, il lui donna le grand-cordon. Savary était en médiocre estime à l'armée, mais c'était l'homme à tout faire de Bonaparte, et celui-ci, connaissant son humeur avide, croyait quelquefois bon de le payer d'avance. Qu'importait le jugement public à celui qui se croyait investi du droit de casser ses arrêts et de faire l'opinion, l'opinion définitive et obligatoire?

Ses administrateurs sont dans sa main comme ses officiers. Un Daru, doux et humain de nature, devient à son école un exacteur impitoyable qui saigne aux quatre veines les peuples vaincus. Les Molé, les Pasquier, ces nobles héritiers des traditions parlementaires, séduits par ses flatteuses avances, entrent dans les cadres de son inflexible administration. « Je crée l'un, disait-il, et j'exploite l'autre. » Il allait, par instinct de dominateur, vers les jeunes gens, vers les âmes toutes neuves qui n'avaient pas encore pris leur forme, et il se hâtait de leur imprimer la sienne. Il les fascinait par sa gloire, il les pénétrait de sa volonté dictatoriale, il leur faisait sentir et goûter avec lui le charme funeste du pouvoir absolu. Une phalange d'administrateurs, sortie du Conseil d'État, courait sur les pas de l'armée victorieuse pour achever et sceller la conquête, pour discipliner cette France nouvelle taillée en pleine Europe. Il voyait ainsi son rêve de domination universelle acquérir de la consistance, et il lui échappait de dire : « A l'aide de mes soldats et de mes auditeurs, je prendrai et je régirai le monde ».

Dans sa jalouse défiance des hommes qui, forts de leur talent, pouvaient ressentir quelque velléité d'émancipation, il cherchait dans chacun d'eux la secrète faiblesse et la découvrait avec une joie maligne. L'archichancelier Cambacérès l'aurait effrayé par son renom d'équité et par ses lumières, s'il ne l'eût rassuré par ses mœurs licencieuses et surtout par sa puérile vanité. Cambacérès aimait passionnément l'apparat, les visites, les hommages — c'est le Dangeau de la bourgeoisie. Les jours de ses réceptions, posté dès sept heures du soir derrière l'une de ses fenêtres, il contemplait, le cœur dilaté, la file interminable des voitures qui lentement, péniblement, gagnaient le péristyle de son hôtel. Peu après, tout chamarré de grands cordons et de plaques de diamants, il circulait avec une grâce solennelle à travers la foule des visiteurs inclinés, laissant tomber ici et là une parole, un sourire, un regard avidement recueilli. Lorsqu'on le revoyait entre deux réceptions, le plus délicieux compliment qu'on pût lui faire était de lui dépeindre l'enchevêtrement des carrosses à la sortie de sa dernière soirée, et la peine énorme qu'on avait eue à rentrer chez soi. Cambacérès, avec tous ses mérites, était trop fat pour devenir jamais redoutable, et sa fatuité même faisait sa sécurité.

Il ne déplaisait pas à Bonaparte que Fouché eût trempé dans l'orgie révolutionnaire, que Talleyrand eût la vie et le ton d'un épicurien paresseux, insouciant, sceptique, affichant le mépris de l'opinion. C'étaient, en effet, ces deux ministres dont l'influence personnelle lui donnait le plus d'ombrage. Leurs talents, l'autorité qu'ils en tiraient dans l'exercice de leurs charges lui étaient utiles, indispensables; mais ces talents, cette autorité le blessaient, l'importunaient comme n'étant pas une émanation de son génie, un effet de sa volonté. Fouché, ministre de la police, toujours en liaison avec les jacobins, agissait habilement sur eux pour les apaiser, les diviser, les corrompre, pour en faire, en un mot, un parti inoffensif; mais ce parti, maté par lui, par lui stimulé, pouvait renaitre, l'accepter pour son chef, et c'était là, pour un personnage aussi avisé, un point d'appui qui lui donnait une sorte d'indépendance. Son esprit pénétrant, étendu, sans préjugés, sans scrupules d'aucune sorte, était, de plus, libre de toute affection et de toute haine. Il avait sur les passionnés l'avantage de voir clair où leur vue se brouillait, et il semblait de force, dans un moment de trouble et de crise, à devenir le maître des autres comme il l'était de lui-même. Un tel homme donnait à réfléchir à qui l'employait.

Talleyrand séduisait et effrayait Bonaparte. Grand seigneur par la naissance, par les façons, par les grâces de l'esprit, diplomate insinuant et souple, au jeu fin, serré, hardi avec prudence, il décorait le gouvernement nouveau, était son intermédiaire naturel avec les anciennes monarchies, faisait entrer ses conquêtes dans le droit écrit, mettait de l'ordre et de la suite dans ses conceptions grandioses, et donnait un corps à sa politique extérieure. Bonaparte savait le prix de ses services, mais Talleyrand ne l'ignorait pas davantage, et, sentant sa force, il s'appuyait sur sa réputation européenne, qu'il ne cessait de fortifier et d'étendre. Il avait encore à lui, bien à lui, un esprit perspicace, prompt à saisir les intentions les mieux dissimulées, une langue finement caustique qui ne se refusait pas le plaisir d'une remarque indiscrète ou moqueuse, et ce genre de mérites tenait Bonaparte en éveil, en inquiétude, en défiance. Lui qui n'aimait à être ni deviné ni jugé, il se sentait pénétré par le regard de Talleyrand. Et non seulement celui-ci le pénétrait, mais il savait l'art de le prendre, de manier, sans les froisser, les ressorts de cette âme indomptable, de détourner, de tempérer ou de laisser s'épuiser sa fougue, d'attendre ou de provoquer le réveil de son bon sens, de sa haute raison, de se faire en quelque sorte l'allié de son esprit naturellement juste contre son caractère naturellement passionné. Dans les conflits incessants de la France avec l'Europe, toujours soucieux du possible et de l'utile, il commençait à négocier avec le plus exigeant, le plus écrasant des adversaires aux prises, c'est-à-dire avec son souverain, et il croyait avoir fait le plus gros de sa besogne quand il n'avait plus que l'Europe à persuader.

Ce joug utile d'un esprit clairvoyant et mesuré, Bonaparte, on doit le dire à sa louange, se résignait à le subir; mais ce n'était pas sans en éprouver un vif dépit, sans chercher et faire naître l'occasion de vexer et d'humilier l'homme qui le lui imposait. Avec quelle rigueur volontairement brutale il rappelait au respect des convenances celui qui s'en croyait l'arbitre, en le sommant de se décider en vingt-quatre heures soit à chasser sa maîtresse, soit à lui donner le titre d'épouse, pour calmer les scrupules du corps diplomatique! Et quand son docile ministre eut épousé la belle et sotte Indienne qui avait réussi à le captiver, comme il affectait de la traiter encore en intruse! Talleyrand, pour sauver sa situation, ses honneurs, ses traitements énormes, avalait ces affronts sans sourciller; mais sa vanité saignait sous son flegme de commande, et Bonaparte tenait sa vengeance : il avait atteint la dignité du grand seigneur et flétri ses grâces hautaines; il sentait et on sentait autour de lui qu'il était le plus fort.

Les ministres devaient garder en sa présence l'attitude de premiers commis, fidèles interprètes et exécuteurs rapides de sa volonté. Le plus assuré de plaire était celui qui s'imprégnait le mieux de sa pensée et la traduisait le plus vite en acte : telle fut l'aptitude du médiocre Maret et la cause de sa haute fortune. C'est d'abord comme scribe et rédacteur que se signale et se fait agréer le futur duc de Bassano. Bonaparte, dont l'écriture était à peu près illisible, n'écrivait presque rien de sa main : il dictait. La plume de Maret volait seule au gré de son ardente parole, et donnait à sa pensée une forme définitive en lui conservant son mouvement et son relief. Voulait-il haranguer ses armées ou les Chambres, se prendre corps à corps avec les journaux anglais, avertir ou tancer les souverains et les peuples, injurier la reine de Prusse ou caresser le tsar, Maret recueillait les saillies et les élans de sa parole nerveuse et colorée, y mettait le lien et la suite, et les livrait presque tout vifs au *Moniteur*.

A ce talent il en joignait un autre qui n'était pas moins goûté : quoi que Bonaparte pût penser, dire ou faire, Maret approuvait, admirait, applaudissait. Par une inspiration digne d'un courtisan consommé, il s'avisa d'un tour vraiment ingénieux pour donner à son dévouement intéressé l'air d'une passion ingénue. Lorsqu'il devait accompagner Bonaparte en voyage, il laissait à sa femme des modèles de lettres où elle lui reprochait l'excès de son affection pour l'empereur, simulait l'épouse délaissée, désolée, jalouse d'un trop puissant rival ; lui parti, elle n'avait plus qu'à les transcrire et à y mettre l'adresse. L'empereur recevait toutes les lettres des mains de ses courriers, et il lui arrivait souvent d'en décacheter d'autres que les siennes pour savoir plus exactement ce que les gens pensaient : je ne sais s'il plaignait beaucoup Mme Maret en surprenant ses prétendues effusions intimes, mais à coup sûr il ne voyait pas son mari de plus mauvais œil.

Devenu ministre des affaires étrangères, Maret songea moins à s'acquitter de sa charge qu'à pousser sa fortune, et l'Europe sentit les effets de sa redoutable complaisance. Si l'empereur s'emportait contre quelque prince qui contrariait sa politique, qui s'obstinait à ne pas vouloir être opprimé ou dévoré, Maret, au rebours de Talleyrand, flattait, attisait son irritation, ne lui laissait pas le temps de réfléchir, de se reprendre ; des courriers toujours prêts par ses ordres portaient sur l'heure au souverain récalcitrant les premiers accents enflammés de sa colère et rendaient le mal irréparable. S'il fallait lui communiquer un avis, une nouvelle utile mais désagréable, son zèle tremblait, se taisait. Bonaparte payait le prix de son despotisme : la vérité n'osait plus approcher de lui, et son ministre favori la gardait en poche plutôt que de braver son regard irrité.

V

Ce *moi* impérieux, hautain, exclusif se retrouve en lui jusque dans ses rapports avec les femmes. L'amour tue l'égoïsme, mais l'égoïsme de Bonaparte était trop fort pour se laisser entamer ou seulement approcher : il repoussait l'amour comme une puissance avec laquelle il lui faudrait compter, lui qui ne voulait compter avec personne. L'amant sacrifie l'univers à l'objet aimé, et Bonaparte aimait mieux garder l'univers. Jadis, avant que l'ambition l'eût pris tout entier, il avait peut-être senti tressaillir son cœur. Joséphine se rappelait, comme un doux et lointain souvenir, l'avoir vu silencieux, rêveur, puis sortant brusquement de son silence et de son rêve par quelque éclat de passion entraînante, c'était le temps où il recherchait sa main, où il s'enivrait, au sortir de liaisons vulgaires, de ses grâces et de ses langueurs de créole. Cette séduction d'une nature ardente et méditative ne lui dura guère. Si l'on excepte quelques accès de sensibilité nerveuse au moment des séparations, ou quelques billets tendrement héroïques datés de la veille ou du lendemain de ses victoires, il ne témoigne à Joséphine qu'un attachement vulgaire où l'âme a moins de part que les sens et l'habitude. Nul respect, nulle délicatesse; rien de ce qui élève et orne l'affection conjugale. Quand il se détourne pour satisfaire quelque caprice, il ne souffre pas que sa femme s'en inquiète ou s'en froisse. Si, dans un transport de jalousie, elle l'épie et le surprend, il l'accable de sa colère et de ses outrages et lui jette à la tête le mot de divorce.

Bientôt il ne daigne même plus lui faire un mystère de ses infidélités. Une Italienne d'une grande beauté, attachée comme lectrice au service de Joséphine, attire un moment ses regards; elle lui cède moins par attrait que par obéissance, et quoique au fond elle soit moins attachée au maître qu'à la maîtresse. Plus soucieux de son temps que des bienséances, il l'installe dans le palais de Fontainebleau de façon à l'avoir toujours sous la main, et met l'impératrice au courant de cette liaison « trop froide, ajoute-t-il, pour qu'elle ait lieu de s'en alarmer ». Insulte non moins grave : il fait une cour publique et pressante à la nièce de Joséphine, à sa fille d'adoption, Stéphanie de Beauharnais, récemment mariée au prince de Bade, et il s'étonne que le prince de Bade songe à se blesser, que Joséphine recommence à se plaindre. Ce qu'il y a de plus choquant dans les écarts de sa conduite, c'est le cynisme arrogant et sentencieux avec lequel il les justifie. Il est convaincu qu'il doit avoir le choix de ses distractions et qu'un homme comme lui est au-dessus de la morale universelle. Il le dit, il le répète à Joséphine elle-même ; bien plus, il le lui prouve par un raisonnement qu'il croit mathématique ; et, si elle résiste à l'évidence de la démonstration et ne peut réprimer ses plaintes et ses sanglots, il se livre à des violences dont Mme de Rémusat n'oserait « détailler les excès ».

L'impératrice, telle que nous la peignent ces Mémoires, paraît d'ailleurs plus digne de pitié que de sympathie ; on ne peut guère avoir moins d'élévation, moins de sérieux dans le caractère. Indolente, futile, étrangère aux pensées qui agitent l'âme de son époux, elle ne s'occupe qu'à cultiver sa beauté, à en prolonger le doux éclat par ses soins intimes, par l'harmonie de ses toilettes toujours nouvelles ; et quand ses charmes ont réussi, à force d'art, à éclipser de plus jeunes attraits, elle croit avoir accompli sa tâche. Par la grâce naturelle répandue dans toute sa personne, elle se trouvait sans effort à la hauteur du premier rang ; mais la dignité chez elle n'allait pas au delà de l'attitude et des manières ; l'âme était sans noblesse, sans force, sans tenue, et le commerce ou plutôt le joug de Bonaparte n'était pas fait pour lui donner ce qui lui manquait. Par la hauteur, la violence, l'impudeur avec laquelle il la traite, il l'énerve, il l'abaisse, il la déprave; pour échapper au divorce toujours suspendu sur sa tête elle en vient non seulement à tolérer, mais à favoriser ses fugitives amours; et, le jour où il lui demande si elle consentirait à reconnaître comme sien un fils qui n'appartiendrait qu'à lui seul, elle se montre prête à simuler une grossesse et à devenir la mère du bâtard qui va naître de quelque adultère de rencontre. L'obstacle à cette honteuse supercherie vint, non de la protestation de l'épouse outragée, mais de la résistance de Corvisart : cet honnête homme, qui croyait que la morale oblige les médecins, sinon les princes, refusa de jouer le personnage de l'accoucheur dans cette comédie de maternité.

Le sentiment que les femmes inspirent à Bonaparte est un singulier mélange de mépris et de défiance. Tantôt il ne voit en elles que leur faiblesse, leur frivolité, et les définirait volontiers des êtres qui fondent en larmes et se mettent du rouge; tantôt il a peur de leur esprit, de leur adresse, de leurs ambitieux manèges, et il ne songe qu'à les contenir et à les mater. Il semble ignorer leur charme suprême : la profondeur et la délicatesse de leurs sentiments, leur puissance d'amour, de dévouement, de sacrifice. Que lui en avaient appris les liaisons de sa vie d'officier, ou les femmes faciles du Directoire, ou cette épouse à l'âme faible et légère, toute noyée dans la frivolité? Premier consul, empereur, les femmes qui l'approchent sont surtout celles de ses compagnons d'armes ou de ses hauts employés civils, les unes pour la plupart dépourvues de toute distinction ou même d'éducation, les autres jeunes, timides, craintives. La façon à la fois insolente et gauche dont il les aborde et les interpelle, les blesse et les déconcerte. Il semblerait néanmoins que l'éclat de son génie, le prestige de ses triomphes dût enflammer leur cœur et leur imagination; mais le maître inquiet, soupçonneux, agressif, parfois cruel, perce à chaque instant à travers le héros et le dépouille de son charme. Mme de Rémusat, d'abord fascinée par sa gloire, souffre de sentir se dissiper son enchantement. Elle voudrait retenir le grand homme qui lui échappe; elle espère, elle épie un mouvement vraiment généreux, un sentiment vraiment élevé; elle le supplierait presque d'avoir un peu d'âme, ayant tant de génie, et ce n'est qu'à bout d'illusions que sa sympathie retombe découragée et vaincue.

Bonaparte se souciait bien de ce genre d'affection enthousiaste! Il se contentait à moins de frais et ne recherchait que la beauté sensible, sans se demander si elle enveloppait une âme noble ou vulgaire. En homme très impérieux et très occupé, il ne s'attardait pas aux délicatesses et aux longueurs du sentiment, et aimait surtout les bonnes fortunes, c'est-à-dire une vive attaque suivie d'une rapide victoire qui ne lui coûtait qu'un éclair de galanterie. S'il rencontrait une résistance sérieuse, il ressentait l'irritation que lui causait toute espèce d'insuccès, quelque chose de semblable au dépit que lui donnait la chasse quand on n'avait pas pris le cerf; mais il ne s'acharnait pas, se détournait ailleurs ou n'y pensait plus. Vainqueur, il ne se piquait pas de constance, détendait ou brisait un lien qu'il regardait comme gênant ou dangereux, et gaîment, brutalement, racontait à ses familiers la défaite et les charmes de la dame.

En campagne, où les minutes ont leur prix, il y met encore moins de façons, et ses distractions amoureuses ne laissent guère respirer l'ennemi. Il ne choisit pas lui-même l'objet de ses fantaisies; ce soin rentre dans le service de Duroc, qui trouve en Murat un actif auxiliaire; tous deux cherchent, examinent, arrêtent qui doit lui plaire, et on lui plaît entre deux batailles : pour cela, jeunesse et fraîcheur suffisent. Une fois cependant (c'était à sa première entrée en Pologne), Bonaparte s'avise de demander davantage : il veut aussi de la naissance. Le grand maréchal se met en quête, trouve, hélas! le tout réuni, et « expédie » sa trouvaille, une jeune Polonaise mariée à un vieux mari, au château où l'empereur s'était arrêté. Elle se présente toute tremblante; Bonaparte, qui travaillait, l'invite d'un ton sec à se rendre à l'appartement qui lui était destiné, la laisse longtemps s'y morfondre, apparaît enfin et engage la conversation avec elle... sur la situation politique de la Pologne, sur les opinions, les intérêts, les besoins des grands seigneurs. Il la presse, il l'accable de questions précises et catégoriques, comme eût fait un employé de police, et, son interrogatoire terminé, son enquête bien complète, il songe enfin à changer le tour et le ton de l'entretien. On voit de reste maintenant dans quelle intention il avait tenu si fort à la naissance.

« Bon Dieu! quelle façon d'aimer! » écrit Mme de Rémusat justement scandalisée des peintures que retrace sa plume. La Vallière, Soubise, Montespan, se fût écrié Victor Cousin, suaves attendrissements du cœur ou vifs ravissements de l'imagination et des sens, où vous trouver dans cette vie que dévorent la politique et la guerre, et qui ne connaît d'autres distractions que celle d'une froide et passagère licence? Soyons justes cependant, même envers Bonaparte amoureux : une fois on put le croire sérieusement atteint. Mme de Rémusat l'observe avec une curiosité que la surprise aiguillonne. Son front s'éclaircit, son humeur devient presque sereine, son abord presque affable. Il s'oublie à causer avec les femmes, que dis-je? à causer sentiment; même il danse, du mieux qu'il peut. C'était une personne de l'entourage de Joséphine, Mme de X..., qui avait fait ce miracle. Murat et Caroline, à qui tous les moyens sont bons pour ruiner le crédit de l'impératrice au profit du leur, encouragent la dame, qui n'avait pas d'ailleurs grand besoin d'être piquée au jeu. Bonaparte, grave symptôme! entoure de mystère sa nouvelle liaison; il ordonne à Murat de courtiser Mme de X... pour égarer les conjectures de l'impératrice, et, celle-ci l'obsédant de ses questions, il se laisse arracher le nom de sa maîtresse plutôt qu'il ne le livre. Enfin il est jaloux : son beau-fils Eugène, dans lequel il devine un rival, reçoit l'ordre de partir de Paris à la tête de son régiment, en plein hiver, par un froid intense; Murat, par contre, est fait prince et grand amiral de l'Empire. Déjà la cour s'agite, s'inquiète, parle d'une favorite en titre; Joséphine redoute un malheur plus imminent que le divorce : Joséphine et la cour connaissaient mal l'empereur. Il croit s'apercevoir que sa maîtresse songe à le gouverner : entièrement dégrisé par ce seul soupçon, il chasse aussitôt l'insolente de son cœur, affiche un grossier contentement d'avoir cassé son lien, et raconte publiquement, avec une indécence moqueuse, les diverses phases de ses courtes amours.

VI

Tel prince, telle cour; le roman y est rare, et les aventures, si aventures il y a, ne s'y distinguent pas par une grande dépense de sentiment. Les Mémoires de Mme de Rémusat offrent peu de ces délicates peintures où excellent les plumes de femmes, et par là s'éloignent des souvenirs des Motteville, des Lafayette, des Caylus. Tout au plus quelques traits jetés en courant donnent l'éveil à notre imagination. Ici Joséphine se joue des naïfs empressements des deux princes de Mecklembourg dont l'un au moins, le plus aimable, est sérieusement épris, puisque après le divorce il sollicitera de l'empereur la main de la répudiée; là elle a cessé de badiner et de sourire, et son front se voile de mélancolie au souvenir d'un jeune écuyer mêlé aux sanglants hasards de la bataille d'Eylau. La reine Hortense, affolée de la mort de son fils et promenant son désespoir à travers les vallées sauvages des Pyrénées, y rencontre le jeune et beau M. Decazes, tout navré de la mort de sa femme : leurs douleurs se rapprochent, se confondent, et les bonnes langues de cour les accusent de s'être plus d'une fois souri à travers leurs larmes.

Stéphanie de Beauharnais, jolie, gracieuse, agressive, aussi prompte à la retraite que vive à l'attaque, est la Célimène de la nouvelle cour. Elle harcelle Bonaparte et lui échappe. Elle enflamme en passant le cœur de Jérôme. Elle était mariée, nous l'avons dit, au prince de Bade, qui dormait un peu partout; Jérôme avait pour femme Catherine de Wurtemberg, que l'embonpoint commençait à gagner, et qui restait majestueusement fixée sur son siège. Plus éveillés et plus agiles, Jérôme et Stéphanie dansent ensemble dans tous les bals. Un soir qu'enlacés dans une valse entraînante, et paraissant s'entendre à merveille, ils passaient et repassaient devant la pauvre princesse, celle-ci fond tout d'un coup en pleurs, pâlit et s'affaisse; Jérôme laisse là la sirène, prend sa femme sur ses genoux, la couvre de caresses, l'appelle à vingt reprises de son petit nom de Catherine et la tire enfin de son évanouissement; la scène, commencée d'une façon toute française, par un vif et galant accord, se termine à l'allemande, par une idylle de ménage. Le lendemain, l'empereur ordonnait à Joséphine de semoncer vertement sa parente, et à Mme de Rémusat d'ajouter à la semonce le poids de ses conseils.

Bonaparte avait un vif sentiment de l'ordre et de la règle... pour les autres, et n'accordait guère de dispense qu'à lui-même. Le fond des mœurs lui importait moins peut-être que l'apparence, qu'il voulait grave et sévère. Un adultère bien caché le choquait moins qu'une intrigue légère qui faisait caqueter et médire : l'un blessait la morale seulement; l'autre, la discipline du palais, qui était son œuvre. C'est dans ce sentiment qu'il veut, qu'il exige que la réputation des dames attachées à la maison impériale soit sacrée pour tout le monde et surtout pour le faubourg Saint-Germain; mais combien était étrange sa façon de se faire leur chevalier d'honneur! Quelques-unes d'entre elles s'étant un peu déridées pendant un voyage en Italie, et ayant été, à leur retour, l'objet de malignes épigrammes, il se présente un jour brusquement au milieu de leur cercle, leur apprend que les douairières s'égayent à leurs dépens, cite à celle-ci, puis à celle-là, puis à cette autre l'amant qu'on lui donne, et, protestant alors non contre les légèretés qu'on leur impute, mais contre la liberté qu'on s'arroge d'en jaser et d'en rire, il se déclare prêt, à la première récidive, à châtier les rieuses de l'exil.

Le droit à l'indiscrétion et à la médisance, il s'en réservait aussi le monopole, et il l'exerçait avec un raffinement de malignité en se faisant un jeu d'avertir ceux qui par une grâce d'état sont les plus mal informés, les maris eux-mêmes; quand il avait joui de leur surprise et de leur trouble, il leur commandait, toujours au nom de l'ordre et de la règle, le silence et l'ignorance. Jugez de son pouvoir : on se taisait et on ignorait!

Il faut le remarquer à l'honneur des femmes de France, la licence était rare, parce qu'elle n'était plus provoquée par le charme des fines et délicates séductions. Plus de ces esprits souples et gracieux qui hantaient jadis les résidences royales et troublaient les cœurs en caressant les vanités! plus de ces attaques agiles suivies de fuites respectueuses et d'offensives nouvelles qui tour à tour alarmaient et rassuraient la pudeur, alanguissaient la résistance et préparaient la défaite suprême. De froids et muets accords qui duraient ce qu'ils pouvaient et se rompaient silencieusement, tel était l'ordinaire de la galanterie. Le désordre, quand il prend cette forme, n'est guère plus attrayant que la vertu, et, puisqu'il fallait absolument s'ennuyer, les moins prudes préféraient l'ennui d'une bonne conscience.

L'ennui et la crainte, voilà les deux

sentiments qui pèsent sur cette cour. Les hommes, tendus vers les devoirs de leur place, sont raides et gourmés; les femmes languissent, faute d'hommages; leur beauté pâlit, leur esprit s'émousse. La conversation, pour n'être point badine, n'en est pas plus grave; elle fuit toute question sérieuse comme un péril ou comme un piège. Les plaisirs mêmes, enchaînés dans un ordre inflexible, ont quelque chose de ponctuel et de sévère comme une consigne. On bâille à la tragédie, on n'ose rire à la comédie, qui n'est pas en faveur; on s'amuse médiocrement au whist et au loto, seuls jeux autorisés; au bal, où du moins l'agitation du corps compense l'inertie de l'esprit, on s'amuserait presque, si l'empereur ou son ombre n'apparaissait dans le voisinage. Mme de Rémusat nous décrit quelques-unes de ces heures d'oubli, de plaisir furtif où les hôtes de Fontainebleau ont l'air d'une troupe d'écoliers qui s'ébat loin de l'œil du maître. Elle tient le piano dans l'appartement de la première dame du palais, et regarde s'agiter et tourbillonner devant elle la société la plus étrange qu'ait jamais vue le palais d'un souverain : les électeurs du Saint-Empire avec les maréchaux de France, les quartiers de l'Allemagne avec les sabres révolutionnaires, les princes avec les manants, les vainqueurs avec les vaincus, tous dansent pêle-mêle, rapprochés et comme fondus par une volonté plus forte que la nature et l'histoire, et, ne pouvant être hommes si près de Bonaparte, ils redeviennent enfants pour s'occuper et se distraire. Comme si ce divertissement n'était pas encore assez frivole, tout ce monde couronné, titré, chamarré, l'échangera tout à l'heure contre les délices du colin-maillard. Mais bientôt sonnait l'heure de quitter ces jeux enfantins pour se présenter devant l'empereur; les fronts se rembrunissaient, et d'un pas lent et contraint on s'acheminait vers les grands appartements : les moins soucieux n'étaient pas ces princes étrangers que la force ou le besoin avait amenés en France, et qui rivalisaient d'obséquiosité pour sauver un lambeau de royaume ou une ombre d'autorité.

Cet aspect triste et inquiet de la cour impatientait parfois Bonaparte, qui voulait y répandre le mouvement et la vie, et qui s'étonnait de n'y pas réussir. Son pouvoir était sans bornes, et il n'allait pas jusqu'à mettre un franc sourire sur les lèvres du courtisan! « L'empereur ne badine pas, disait Talleyrand, il veut qu'on s'amuse »; mais moins il badinait, moins on s'amusait, et la joie et l'abandon refusaient de naître au commandement. Il avait même désappris ce sourire charmant dont s'animait autrefois sa physionomie pensive, lorsqu'il voulait séduire quelque âme rebelle. Il se croit maintenant le maître incontesté, et, quelque effort qu'on fasse pour lui plaire, il ne daigne plus s'en apercevoir. On court toute la nuit sur la route de Paris à Fontainebleau pour se trouver sur son passage au sortir de la messe, et le plus souvent on n'obtient pas de lui, pour se payer de sa peine, la faveur d'un mot ou d'un regard. Il affecte de ne pas se rappeler le visage ou le nom des gens, ce nom fût-il de ceux qu'on n'oublie pas. « Et vous, qui êtes-vous ? demanda-t-il à Grétry pour la vingtième fois. — Sire, toujours Grétry », répond spirituellement le compositeur, qui n'eut plus besoin de se nommer à partir de ce jour.

Son silence, son oubli sont encore ce qu'il a de plus aimable. On redoute son attention, le regard sévère dont il rehausse sa petite stature, la réprimande ou la moquerie qu'il vous jette à la face en présence de cent témoins. Les femmes, qui craignent ses compliments autant que ses épigrammes, tremblent à son approche et ne respirent que lorsqu'il est passé. Il n'y a guère de temps ou d'occasion où il s'adoucisse et s'égaie; il est despote partout, même au bal masqué. Si quelque femme l'attaque ou lui réplique sans qu'il puisse la reconnaître, il lui arrache son masque, et, quoiqu'il soit lui-même masqué jusqu'aux dents, ce seul trait le découvre et le nomme.

Il est tyrannique par tempérament et

aussi par réflexion ; il s'excite lui-même à la défiance et à la dureté comme à la meilleure manière de s'assurer une obéissance sans réserve. Il n'est pas irrité, il est même satisfait et il se plaint encore, de peur que la sécurité n'amollisse le zèle. Lui arrive-t-il de se détendre, de s'abandonner à quelque effusion familière, il semble regretter sa belle humeur et vouloir la reprendre ; vite il redevient blessant et rude pour remettre les gens dans la soumission et le tremblement. « L'homme heureux, disait-il avec une conscience maligne du joug dont il accablait ses plus dévoués serviteurs, est celui qui se cache de moi. »

Mais lui, du moins, était-il heureux, et sur tous ces bonheurs gâtés ou détruits avait-il réussi à asseoir sa félicité ? Hélas ! de toute cette cour froide et morose, il est le plus inaccessible, le plus rebelle à la joie. C'est en vain que tous les arts et tous les talents conspirent et s'ingénient pour tâcher de le distraire. Il s'en prend à tout le monde de son invincible ennui : à ses chambellans, aux pièces ou aux opéras choisis, aux auteurs, aux acteurs, aux chanteurs. Le mal était en lui-même : sa tête était trop pleine et son cœur était trop vide. Il ignorait ces tendresses humaines qui surpassent en douceur les enivrements de la gloire et du génie; il les appelait des sentiments inutiles auxquels il n'avait pas le temps de s'amuser; il les étouffait en lui, il n'y croyait pas chez les autres; il niait l'affection, le dévouement, l'abnégation, toutes les vertus naïves et désintéressées, et il recueillait les fruits amers de son scepticisme. De cruels et incessants soupçons assiégeaient son esprit; il craignait le poison, de secrètes embûches, une révolte militaire, et, dans ses pressentiments de mort tragique, son imagination troublée cherchait l'assassin jusque parmi ses compagnons d'armes. Il disait du plus brave et du plus expansif d'entre eux : « Si je devais mourir de la main d'un maréchal, il y a à parier que ce serait de la sienne » Il ne se fiait à personne, et personne ne se fiait à lui. Son ambition effrénée faisait peur, exaltait les cerveaux, y allumait des craintes monstrueuses. Lannes, en pleine table, répétait tout haut qu'il voulait le perdre par jalousie, et avait donné des ordres à cet effet. Joséphine murmurait à l'oreille de Mme de Rémusat : « Si j'arrive à trop le gêner, qui sait ce dont il est capable, et s'il résisterait au besoin de se défaire de moi ? »

Etrange effet des destinées et des fortunes humaines ! C'est à Sainte-Hélène, déchu, captif, abreuvé de dégoûts et de souffrances, qu'il devait connaitre un bien qui l'avait fui sur le trône; le malheur lui donna ce que lui avait refusé la toute-puissance : de tendres et généreux amis. Il goûta le plaisir de se confier, de s'abandonner, de sentir son cœur, de croire au cœur d'autrui. La force, dans laquelle il avait mis sa foi, l'avait trahi et précipité; les sentiments qu'il avait traités de superfluités ou de chimères furent le plus sûr asile et la suprême douceur de son âme désolée.

LETTRES
DE MADAME DE RÉMUSAT

LETTRES
DE MADAME DE RÉMUSAT[1]

Si la curiosité des lecteurs des Mémoires de Mme de Rémusat, vivement excitée par tant de piquantes et hardies révélations, cherche dans ses lettres le même genre d'attrait, elle court grand risque d'être déçue. De rares et sobres réflexions sur les affaires publiques ; des louanges données au génie de Bonaparte avec une vivacité qui n'est pas exempte de préméditation, au cas vraisemblable où le personnage célébré s'aviserait de parcourir la correspondance de son chambellan avant le chambellan lui-même ; quel-

---

1. Calmann Lévy, 1881.

ques confidences sur l'état d'esprit de Joséphine après le divorce; une chronique brève et discrète sur la société parisienne, plus abondante et plus libre sur les écrivains ou les compositeurs en renom, et sur les interprètes de leurs œuvres, et c'est tout, je veux dire tout ce qui peut éclairer certains aspects de l'histoire de ce temps. Qu'est-ce donc qui occupe et remplit cette volumineuse correspondance? Un sentiment unique : l'amour d'une femme pour son mari. N'est-ce que cela, dira-t-on? mais cela même n'est pas chose si banale et vaut peut-être la peine qu'on s'y arrête. Une femme jeune, jolie, spirituelle, occupant un poste élevé à la cour, en relation avec tout ce qu'il y a d'éminent dans la politique, les lettres, les arts, et qui passe son temps à aimer son mari, même absent, à le lui dire, à le lui répéter sous les formes les plus persuasives, qui s'attache en pensée à tous ses pas, devine et ressent ses moindres ennuis, le suit et l'enveloppe d'une infatigable tendresse, n'y a-t-il pas là une peinture en un sens très originale et faite pour nous reposer de ces romans enfiévrés d'amours criminelles, où les maris tiennent si peu de place, sont si peu gâtés, et ont pour unique emploi de servir de repoussoir aux formes diverses de l'idéal que poursuit le cœur inquiet de leur femme? Ajoutez que cette pure et constante affection a sur les passions chères au roman moderne l'avantage d'avoir été réellement éprouvée et qu'elle ne laisse même pas aux sceptiques la consolation de crier à l'invraisemblance.

I

Ce qui frappe et charme tout d'abord dans les lettres de Mme de Rémusat, c'est le naturel et la vérité de l'accent. Le sentiment y coule du cœur et s'y répand en expressions simples et pénétrantes; il donne du prix aux détails les plus insignifiants, il met de l'émotion jusque dans les puérilités de la tendresse conjugale. La douleur des séparations, les peines et les ennuis de l'absence, les vaines alarmes, les prescriptions tendrement minutieuses, tout cela est senti, exprimé avec une vivacité ingénue qui chasse la raillerie de nos lèvres et nous fait trouver Mme de Rémusat aimable jusque dans les passages où elle recommande instamment à son mari l'usage de la flanelle. Certes, c'est un mince événement aux yeux de la postérité que le passage du mont Cenis par M. de Rémusat, fût-il chargé des insignes et des diamants de la Couronne en vue du sacre de Bonaparte comme roi d'Italie ; mais Mme de Rémusat n'est pas la postérité, et si le matin, en ouvrant sa fenêtre, elle aperçoit le boulevard de la Madeleine tout couvert de neige, son cœur, frissonnant, s'élance vers les Alpes, rejoint le cher voyageur, explore ces chemins affreux, n'y voit que brigands et précipices, ou bien, à défaut d'aussi graves périls, ressent douloureusement les secousses de la voiture et l'interminable longueur du trajet. « Demain, je serai cahotée toute la journée,... enfin, avec de la patience, j'arriverai peut-être à Turin, puis à Milan ; mais quand est-ce aussi que je ne voyagerai plus? » Le tour est moins piquant, mais est-il moins naturel que le mot célèbre de Mme de Sévigné : « Ma fille, j'ai mal à votre poitrine » ?

Il est d'ailleurs manifeste que Mme de Rémusat, si familière avec Mme de Sévigné, un de ses livres de chevet, séparée comme elle de ce qu'elle a de meilleur au monde, lui emprunte souvent à dessein, parfois à son insu, quelques-unes de ces vives formes dont elle revêt sa sympathie maternelle. Qui songerait à s'en plaindre, à regretter cet heureux et fortifiant mélange de nos impressions propres avec celles des beaux génies qui nous ont nourris et charmés, alors surtout qu'elles se répondent aussi naturellement les unes aux autres? En cela même, Mme de Rémusat obéit au besoin de son cœur bien plus qu'à l'ambition de son esprit; car le dernier de ses soucis semble être de viser au relief et à l'éclat de l'expression. Nulle recherche, nul effort; peu de traits et de saillies; un style souple, aisé, limpide, qui reçoit et porte d'un cours égal les effusions d'une âme aimante, un tour si naturel qu'on ne songe pas à le remarquer, à le détacher du sentiment qu'il exprime : « Je n'aime de la vie que les jours passés près de toi.... Je t'attends, et cette attente est déjà du bonheur. Conserve-toi bien, soigne-toi, mon ami; aime-moi, dis-le-moi, écris-le-moi; enfin ne perdons aucun de ces moments si courts qui nous sont donnés pour aimer. »

Si parfois l'expression est plus saillante,

plus originale, elle jaillit d'un cœur plein de l'époux absent et dégoûté de tout ce qui n'est pas lui. « Je viens à toi, mon ami, fatiguée de la sécheresse de ma matinée; j'ai besoin de parler à un cœur qui m'entende, et de mettre un peu d'affection dans ma journée... Loin de toi, les jours commencent et les jours finissent sans que je les regarde. » La passion chez elle, même aux moments les plus vifs, a quelque chose de recueilli, de contenu et brûle d'une ardeur intime : « Cela est bien vrai que je vous aime beaucoup; je suis honteuse de dire à quel point je me suffis peu, et combien vous m'êtes nécessaire!... Combien je perdrais à ne pas tant souffrir, puisque toutes ces peines viennent d'un sentiment qui fait le bonheur de ma vie!... »

Toute affectation ou exagération de sentiment blesse à la fois la délicatesse de son esprit et la nature exquise de sa sensibilité. Dans une lettre datée des eaux d'Aix-la-Chapelle elle peint et raille joliment deux époux fort en vue par l'éclat de leur situation officielle, et plus encore par l'ostentation de leur mutuelle tendresse qui s'étale dans les salons et jusque dans les promenades de la ville. Si M. Regnault de Saint-Jean d'Angely tombe malade, sa femme l'obsède de ses soins, et ne le quitte guère que pour aller en brillante société faire un peu de musique et conter ses angoisses; convalescent, elle guide ses pas mal affermis, doucement pressée contre son sein. Le mari, de son côté, paraît toujours craindre de ne pas aimer sa femme assez bruyamment, assez publiquement; il pleure en la quittant pour quelques jours, il pleure en la retrouvant, il pleure même en la voyant jouer la tragédie, en l'entendant, sous les traits d'Iphigénie, supplier un père impitoyable, et, à la fin de sa tirade, il court l'embrasser en pleine famille des Atrides, au mépris de l'illusion dramatique et des simples bienséances. Mme de Rémusat se replie sur elle-même en face de cette exubérance d'affection, et d'un ton de douce mélancolie et de fine incrédulité : « Il y a, dit-elle, dans leur voisinage une pauvre petite femme isolée, triste de beaucoup de séparations, un peu affaissée sous le poids de l'absence, qui les regarde et qui se dit tout bas : Il y a donc dans ce monde deux façons d'aimer. » Sa façon d'aimer à elle, elle la retrouve avec ravissement exprimée par l'un de ses écrivains favoris, La Bruyère, qu'elle relit, médite et grave en sa mémoire, surtout aux endroits où sa verve s'adoucit et son cœur se découvre : « Être avec les gens qu'on aime, cela suffit ; rêver, leur parler, ne point leur parler ; penser à eux, penser à des choses plus indifférentes, mais auprès d'eux, tout est égal. »

Ce sentiment doux, profond et comme voilé de grâce mélancolique semble avoir gardé l'empreinte des circonstances douloureuses où, tout enfant, elle connut son mari. M. de Vergennes, son père, était mort sur l'échafaud ; sa mère, chassée de Paris, s'était retirée à Saint-Gratien, et elle y vivait avec ses deux filles, Claire et Alix, dans un état plus voisin de la gêne que de l'aisance. Un jeune Provençal, lié depuis quelques années avec M. de Vergennes, leur resta fidèle dans leur détresse; il visita, conseilla, consola leur solitude. Le cœur de Claire alla spontanément vers l'ami des mauvais jours, et une douceur infinie le pénétra : les tristes ombrages de Saint-Gratien s'éclairèrent; les heures pesantes s'animèrent des impatiences de l'attente, de la vivacité des mutuelles confidences; des larmes coulaient encore, mais c'étaient des larmes de joie autant que de tristesse. La jeune fille s'était donnée pour la vie, et son amour retint de là une sorte de gravité tendre qui en est la marque distinctive.

Aussi comme elle revient avec complaisance vers ce temps et ces lieux où sa destinée se fixa! Comme ils lui sont toujours présents et délicieux! Sannois lui sourit parce qu'il est habité par la plus charmante des vieilles femmes, Mme d'Houdetot, mais surtout parce qu'il regarde Saint-Gratien, et rend aisé certain pèlerinage qu'on accomplit d'un cœur palpitant et les yeux brillants de plaisir. Elle n'a même pas besoin d'avoir

Saint-Gratien à l'horizon pour l'apercevoir ; un perpétuel mirage le lui montre dans tous les pays où elle séjourne, et jusqu'au fond du Bourbonnais elle découvre et salue les coteaux et la vallée de Montmorency. Vision ou réalité, peu lui importe ! elle a retrouvé l'élu de son cœur et la chaste ivresse de sa seizième année ! un flot de souvenirs enchanteurs l'envahit. « Quelles douces émotions ce temps me rappelle ! Je n'étais alors occupée que de vous. Vous voir un moment sans témoins, lire dans vos yeux l'affection que je vous inspirais, voilà quels étaient mes seuls plaisirs ! Je me rappelle encore quel sentiment j'éprouvais au détour d'une de nos allées solitaires de Saint-Gratien.... »

II

Son amour ne revêt pas uniquement ces formes suaves dont nous pourrions multiplier les exemples; la suavité même a sa monotonie, et Mme de Rémusat échappe à ce défaut par un mélange de grâce souriante et de gaité légère. Elle aime son mari de tout son esprit comme de tout son cœur, et cet esprit, né délicat et fin, a été cultivé par la lecture, la méditation, le commerce des gens de mérite, l'élégance des conversations mondaines. De là, sans ombre de recherche ni de prétention, un agrément sensible qui relève les douceurs qu'elle murmure à l'oreille de l'absent. Lectures diverses, visites faites ou reçues, séjour à la ville ou aux champs, voyages au nord ou au midi, tout lui fournit l'occasion ou le prétexte de louanges ou d'allusions spirituellement caressantes. Sévigné, La Bruyère, Montesquieu, Descartes lui-même lui servent à faire sa cour, et le fameux : *Je pense, donc je suis*, se tourne en devise d'amour tout à fait inattendue : *Je t'aime, donc je vis ; je vis, donc je t'aime*. La présence de son mari est le charme et le bien suprême ; moins riant est le ciel de Nice, moins salutaires les eaux auxquelles elle va demander la santé ; Paris, la cour, le monde, l'Académie, rien n'a de prix à ses yeux, s'il ne la lui rappelle. M. Raynouard, l'auteur des *Templiers*, a bien du mérite et bien de l'esprit, mais il a surtout un petit accent provençal qui caresse l'oreille et le cœur. On fait sa gentille avec M. de Fontanes, mais c'est à vous, monsieur le comte, qu'on pense en ce moment même, et, s'il vous plaît de revenir, « on poussera pour vous les honneurs de l'hospitalité aussi loin qu'ils peuvent aller ».

Qui ne lit dans son cœur ? Qui ne connaît et ne nomme celui qui le remplit tout entier ? S'il lui arrive de devenir subitement silencieuse, chacun lui parle aussitôt de son époux, certain de répondre à sa secrète pensée. Entre femmes, c'est-à-dire entre juges experts, quand on a bien médit du corps des maris en général, si l'on cherche une brillante exception à la règle, on a beau regarder à droite et à gauche, c'est encore, c'est toujours à M. de Rémusat qu'il en faut revenir. Dieu préserve la société de ces maris trop parfaits qui ne peuvent s'éloigner sans laisser derrière eux des femmes mélancoliques dont la bonne compagnie ne sait que faire !

Il y a beaucoup de grâce dans ces tendres badinages, où Mme de Rémusat fait si facilement à son mari le sacrifice de frivoles plaisirs ; il n'y en a pas moins dans les récits de sa vie intime par lesquels elle essaie de charmer son éloignement, dans les peintures qu'elle lui trace des progrès de son fils aîné, de sa gentillesse de corps et d'esprit, de ses jeux, de ses études, du vif essor de son intelligence. Ici encore c'est le père qu'elle cherche et découvre dans l'enfant, qu'elle loue et flatte en lui. Plus tard cet enfant prendra dans son cœur une place distincte et toujours grandissante ; déjà ses dernières lettres nous la montrent surprise et captivée par la brillante précocité de l'esprit éminent qui devait honorer la politique et les lettres françaises, s'entretenant avec lui de littérature, de philosophie, de morale, conseillant, élevant, élargissant son cœur avec sa raison; mais c'est la suite de la correspondance qui nous permettra de l'étudier particulièrement dans ce rôle de confident et de conseiller tempérant l'autorité maternelle par des grâces de sœur aînée. A l'heure où nous sommes, Charles de Rémusat a surtout l'esprit de ressembler à son père, et c'est ce dont on lui sait le plus de gré. S'il est bon, le beau mérite! n'a-t-il pas de qui tenir? Si ses yeux sont charmants, c'est qu'ils ont quelque chose de fin et de tendre, qui rappelle certain regard dont l'expression va droit au cœur. Ses défauts mêmes ne sont pas à lui, et, pour peu qu'il se montre négligent dans sa correspondance, l'ironie maternelle passe par-dessus sa tête pour aller frapper celui qui lui donne un si fâcheux exemple, car Mme de Rémusat est ironique à l'occasion, d'une ironie clémente et légère qui sied à sa douceur naturelle et qui la préserve du ton romanesque et sentimental. Dans ses jours de belle humeur, elle attaque son mari sur son rôle glissant de surintendant des théâtres, sur sa façon de recruter des sujets en Italie pour les premières scènes de la capitale, de choisir des cantatrices dont le talent est souvent contestable, jamais la beauté, qui rallie les plus difficiles. Il s'y connaît, ce surintendant, en jolies figures! Et quand sa pauvre femme devra s'en aller refaire sa santé aux eaux d'Aix ou de Cauterets, plus d'une bonne âme s'étonnera qu'elle ose le laisser seul au milieu de si belles personnes.

Tout ceci n'est qu'un jeu, car, au fond, elle le sait ou le croit fidèle. Plus vifs sont les reproches qu'elle adresse à sa négligence épistolaire; c'est là le seul côté vulnérable de cette merveille de mari. Il en est, sous ce rapport, de plus merveilleux, et qu'on lui cite, pour tâcher d'éveiller ses remords. Cœur avide d'affection, imagination prompte à s'alarmer, Mme de Rémusat se montre exigeante sur ce point; elle prie, presse, conjure : même un jour elle a failli gronder son mari. Celui-ci a regimbé et répliqué avec une ironie doucereuse. A cet endroit de la correspondance, notre curiosité a été fortement excitée; nous avons cru, presque espéré que la querelle allait s'échauffer, l'idylle tourner à la satire, enfin qu'on allait dire une fois son fait à M. de Rémusat : il nous déplaisait d'entendre toujours appeler Aristide le Juste. Nous avions compté sans l'inaltérable tendresse de sa femme, qui lui fait cette réponse pleine de mansuétude et de grâce : « Votre fleur de rhétorique m'a d'abord affligée, puis un peu piquée ; mais voilà qui est fini, et je t'embrasse de tout mon cœur ».

Quelle était cette fleur de rhétorique un peu vénéneuse? Nous ne savons, M. Paul de Rémusat, en homme d'esprit et de goût, n'ayant pas voulu grossir des lettres de son grand-père une correspondance qu'il jugeait suffisamment étendue, étant aussi intime.

Peut-être aurait-il pu faire ici une exception, quitte à compenser cette lettre légèrement gourmée par la publication de ces deux autres de juillet 1805, si courtes mais si tendres, que Mme de Rémusat ne les quittait des yeux que pour les placer sur son cœur. Mme de Rémusat, à chaque page de sa correspondance, nous présente son mari sous l'aspect le plus aimable; mais on souhaiterait qu'il se présentât quelquefois lui-même, ne fût-ce que de profil, et qu'il nous fût permis de le regarder avec des yeux moins épris, pour tâcher de démêler dans la peinture de ses perfections celles qui lui appartiennent en propre et celles qu'il doit à la partialité du peintre.

III

Quand une femme est aussi occupée de son mari, elle a naturellement en son absence l'humeur sédentaire; elle sort rarement « de sa coque », une fois au plus tous les huit jours, et elle a hâte d'y rentrer pour écrire des lettres pleines de sentiment, et un peu vides de nouvelles, ce qui ne veut pas dire qu'on ne puisse trouver dans celles de Mme de Rémusat quelques intéressantes allusions aux événements contemporains; mais ces allusions sont clairsemées, et il faut, pour leur donner tout leur sens, les éclairer par la narration explicite des Mémoires.

Un fait curieux à relever, c'est l'esprit et l'attitude de Paris sous le régime impérial, esprit secrètement hostile, attitude sceptique et quelquefois narquoise. Bonaparte donne facilement prise à la raillerie par l'impudeur avec laquelle il violente l'opinion publique, s'efforce de s'asservir toutes les formes de la pensée, même les plus indépendantes, les plus idéales. Protecteur et dominateur des lettres, c'est tout un pour lui. S'il rend à la scène les chefs-d'œuvre classiques, c'est avec la garantie d'une vigilante censure; on les choisit, on les scrute, on les élague, et Racine lui-même doit être épuré. S'il demande aux auteurs vivants des œuvres nouvelles, c'est en leur traçant d'une main inflexible le champ de leur invention, selon les convenances de son orgueil ou de son intérêt. Fouché, comme ministre de la police, et M. de Rémusat, comme surintendant des théâtres, sont chargés spécialement de provoquer et de régler l'inspiration des poètes. C'est ainsi qu'en 1804, l'année du couronnement, Joseph Chénier reçut une commande dramatique en rapport étroit avec l'événement du jour. Pour satisfaire à la fois aux exigences des traditions classiques et à celles de son impérieux client, il fut très antique et très moderne; il prit Cyrus pour sujet, et dans le cinquième acte il imagina de couronner ce prince avec un cérémonial calqué sur celui de Notre-Dame. Les Parisiens eurent l'audace de siffler cette poésie d'antichambre, et, qui pis est, d'éclater de rire à la vue de Cyrus franchissant les degrés du trône.

Cyrus bouda son surintendant pour ce chef-d'œuvre manqué et cette allégresse impertinente. Mais quel moyen d'atteindre ce public indocile et de le désarmer de sa factieuse ironie? Un seul lui restait, qui n'était pas à la portée de tout le monde, c'était de réveiller à coups de génie l'enthousiasme qu'avait soulevé Marengo; il en usa largement, et la victoire d'Austerlitz arracha, avec l'admiration de l'Europe, les applaudissements de ces Parisiens si difficiles, si dédaigneux, si prompts à discerner le point faible de toute grandeur humaine.

Ce fut le dernier éclair de franc enthousiasme. Après Austerlitz, le joug s'appesantit; la paix, que l'on croyait tenir, échappe encore; il faut recommencer à donner le sang de ses fils, il faut se résoudre à de nouvelles victoires. Les Parisiens redeviennent inquiets, chagrins, pessimistes, et la foudroyante campagne de Prusse ne réussit point à exciter leur admiration, pas même, qui le croirait? leur surprise. Ils sont fatigués de gloire, blasés sur les miracles, ces miracles qui dévorent la fleur de la nation. Dans les bals donnés pour fêter Iéna, on se trouve à court de danseurs, et l'archichancelier Cambacérès est obligé de faire provision de pages pour animer ses salons et remplir les quadrilles. Nul aliment à l'esprit public; un seul homme pense, délibère, décide pour tous les autres, même dans les questions les plus puériles, et si l'Académie se partage sur le titre de Monseigneur à donner ou à refuser au cardinal Maury le jour de sa réception, c'est au vainqueur d'Iéna qu'on en réfère pour trancher le différend.

Paris désœuvré s'ennuie, boude, raille, et plus son attitude déplaît et blesse, plus il y prend goût; il sent sa force avec le dépit du maître et sait désormais où le piquer.

Affectant de rester froid ou silencieux sur son passage, attentif à surprendre un mot, un geste imprudent ou ridicule, ou, faute de rien surprendre, habile à l'invention plaisante et vraisemblable, Paris, par cette opposition subtile, insaisissable, tire du joug qui l'opprime une fine vengeance ; il taquine, harcelle, irrite le despote et lui rend importun, presque insupportable, le séjour des Tuileries. Bonaparte a peine à maîtriser cette antipathie que flatte le courtisan ; il s'attarde longuement au château de Saint-Cloud ; il parle de restaurer Versailles, et dans ses jours d'exaltation et de colère il déplace en idée sa capitale, la transporte à Lyon et se réjouit d'avance du spectacle de la déconvenue des Parisiens et de l'ouvrage des siècles brisé et refait par un caprice de sa volonté.

Mme de Rémusat, qui suit d'un regard attentif les publications nouvelles, qui donne volontiers un thé aux gens de lettres, qui travaille même furtivement à un roman inédit, enregistre avec complaisance tous les événements littéraires ; mais combien peu sont dignes de fixer notre attention! Quelle rareté ou quelle disette d'œuvres vraiment originales! On est frappé de l'insignifiance des noms qui reviennent fréquemment sous sa plume, les Esmenard, les Genlis, les Luce de Lancival! Il y a même un certain Chéron qui a eu la bonne fortune de plaire à l'empereur par un *Tartuffe de mœurs* imité de Shéridan, et qui a été récompensé de sa verve d'emprunt par la préfecture de Poitiers. La postérité n'a pas partagé l'engouement de Bonaparte : elle ignore M. Chéron. Il faut sortir des landes de la littérature officielle pour trouver quelques talents brillants et vigoureux. Ceux-là fuient une oppressive et rapetissante tutelle; Ducis se tient à l'écart, Chateaubriand boude et menace, et Mme de Staël est proscrite comme coupable d'apprendre ou de rapprendre aux Français à penser, un crime dont Mme de Genlis était si fort innocente!

Sur la société contemporaine, les lettres de Mme de Rémusat sont d'une regrettable discrétion. Les portraits qui passent devant nos yeux sont souvent aussi vagues que les initiales qui voilent le nom des originaux. Les deux figures qui ont le plus de relief appartiennent au siècle précédent; ce sont celles de Mme de Vergennes et de Mme d'Houdetot. Vive, spirituelle, un peu sceptique, Mme de Vergennes se montre avec un fin sourire entre ses deux enfants, ses deux veuves, raillant leur attitude plaintive et s'étonnant d'avoir donné le jour à des filles aussi *conjugales*. C'est à la plus sentimentale qu'elle s'attaque de préférence (la cadette, mariée au général de Nansouty, n'avait d'ailleurs que de trop justes sujets d'inquiétude); c'est elle qu'elle taquine de ses doutes sur la fidélité des maris qui voyagent au loin et de son indulgence d'avance acquise à tous les péchés de M. de Rémusat; mais dans ces escarmouches entre mère et fille, entre deux femmes qui représentent des natures et des époques différentes, ce n'est pas toujours l'humeur légère du dix-huitième siècle qui a l'avantage, et la sensibilité douloureusement froissée de Mme de Rémusat arrête tout court l'épigramme sur les lèvres de Mme de Vergennes.

Quant à Mme d'Houdetot, nous la retrouvons, aux dernières heures de sa vie, aussi souriante, aussi aimante et aussi dénuée de l'idée du devoir qu'elle nous était apparue dans les *Mémoires de Mme d'Épinay*, au temps où le départ de son mari pour l'armée et l'arrivée de son amant, Saint-Lambert, lui causaient un double ravissement et la rendaient « aussi folle qu'un jeune chien ». Saint-Lambert, qui avait vieilli et était mort sous son toit en 1803, avait fini par éprouver quelque chose qui ressemblait à des remords, et qui devint de plus en plus sensible dans l'affaiblissement de ses facultés : il avait la manie de dire à tout instant à M. d'Houdetot, en lui prenant les mains : « Mon ami, j'ai eu bien des torts envers vous... ». On avait toutes les peines du monde à l'empêcher d'expliquer sa pensée. Mme d'Houdetot ne se croit de torts envers personne; elle a de son amant trois portraits dont elle enchante ses regards; elle les montre à Mme de Rémusat, lui redit les vers qu'elle fit jadis en son honneur, et respire avec ivresse un passé coupable et charmant dont elle ne sent que le charme et nullement la faute.

Singulière liaison que celle de deux femmes d'humeur et de conduite aussi différentes! Elles s'entendent pourtant, elles se plaisent, et Mme d'Houdetot a une manière si franche et si naïve de renverser la morale, que sa jeune amie confesse qu'elle ne l'écoute pas impunément. Elle se sent, elle se dit atteinte, et d'un ton moitié sérieux, moitié plaisant, elle déclare que les penchants du cœur ont une force irrésistible, et que dans le mariage l'amour seul, et non le devoir, fait les femmes fidèles. Théorie inoffensive, à la condition que le mari soit assuré de toujours plaire, ce qui est le cas de M. de Rémusat, et sa femme ne se joue apparemment avec ces idées périlleuses que pour lui décerner une louange d'un tour nouveau et lui dire avec une grâce un peu osée que si elle ne l'avait pas eu pour mari, elle eût couru le risque de l'avoir pour amant. Il nous semble qu'ici Mme de Rémusat surfait son amour aux dépens de sa dignité, et qu'elle se vante à son détriment : quoi qu'elle en dise ou veuille en croire, elle est, avant tout, épouse et mère au sens le plus grave et le plus doux de ces mots. Qu'il serait facile de l'en convaincre, en l'accablant de son propre témoignage ! N'est-ce pas elle qui, témoin ou confidente de plus d'une tendre liaison, se plaît à médire des amants les plus parfaits et à les immoler même aux maris ordinaires qu'on a tant de sérieuses raisons d'aimer, encore qu'ils soient médiocrement aimables ? N'ajoute-t-elle pas, d'un ton qui ne souffre pas de réplique, qu'à tout âge les femmes n'ont de grâce et de dignité que dans le repos ? Dans ses désirs, dans ses vœux, dans ses regrets, ce qui domine, c'est la note intime et tendre du foyer. L'amour, tel qu'elle l'éprouve, est si épuré, si dégagé des sens, qu'elle voudrait précipiter les années et payer de ses rides et de ses cheveux blancs le bonheur de ressaisir et de posséder enfin son mari. Ni coquette ni passionnée, ni Célimène ni d'Houdetot, Mme de Rémusat représente un type moins rare parmi nous qu'on ne se plaît à le croire et qui est le solide honneur et la force secrète de la société française. On se persuade, en lisant ses lettres, qu'il y a même à Paris un coin d'Ithaque et que toutes les Pénélopes ne sont pas au Musée des Antiques.

MÉMOIRES
DE METTERNICH

MÉMOIRES

DE METTERNICH[1]

Les écrits laissés par Metternich se divisent en trois parties qui correspondent à trois époques successives de sa vie : la première va de sa naissance au Congrès de Vienne, 1773-1815 ; la seconde s'étend jusqu'à sa sortie des affaires, en 1848 ; la troisième se termine à sa mort, en 1859. Nous ne nous occuperons que de la première, pour y étudier le rôle considérable et, à certain moment, décisif que Metternich a joué dans la lutte soutenue par la diplomatie euro-

[1]. Plon, 1881.

péenne contre l'esprit d'agression et de conquête de Napoléon.

Cette première partie s'ouvre par des Mémoires, si l'on peut appliquer ce mot à des écrits que l'éditeur a fort ingénieusement reliés selon l'ordre des faits et la nature des idées, mais qui ont été rédigés par l'auteur sous des titres divers et à divers moments de sa vie, en 1829, en 1844 et 1852. A ces Mémoires correspond un recueil de documents diplomatiques, du plus haut et du plus vif intérêt. On y voit l'ambassadeur ou le ministre engagé dans le feu de l'action, non plus racontant et jugeant des événements depuis longtemps accomplis, avec la préoccupation de faire bonne figure devant la postérité, mais s'appliquant à deviner les événements à venir, à les préparer et à les façonner dans la mesure de son pouvoir et de ses forces, à tout le moins à en discerner les causes réelles et les conséquences précises; c'est de l'histoire prise à sa source, qu'on entend sourdre, qu'on voit jaillir; c'est la vérité qui naît sans fard et sans parure, telle qu'elle n'apparaîtra plus jamais à nos regards.

Là Metternich raconte l'histoire, ici il la fait, et celle qu'il fait ne ressemble pas toujours à celle qu'il raconte; il y a plaisir et profit à contrôler l'une par l'autre, à surprendre les défaillances de la mémoire, les variations du jugement, ou les différences de ton, de sentiment qui font glisser le récit dans le panégyrique.

I

La naissance de Metternich; les premiers événements et les premiers spectacles qui exercent son jugement ou frappent son imagination; ses hautes relations, ses brillants emplois, tout semble le disposer au rôle, dont son nom est devenu comme le symbole, de partisan du vieil ordre politique et social établi en Europe. Fils d'un comte de l'Empire, qui remplit les fonctions d'ambassadeur d'Autriche à Francfort, il assiste au couronnement de l'empereur Léopold en 1790, de l'empereur François en 1792, et il y remplit la charge de maître de cérémonies des comtes catholiques de Westphalie, honneur précoce, que lui vaut à dix-sept ans l'éclat de sa naissance et qui n'est pas propre à lui faire goûter les idées d'égalité acclamées de l'autre côté du Rhin. Tandis qu'à Versailles la majesté royale est outragée et bafouée, il la voit, à Francfort, revêtue de son antique splendeur, debout parmi les respects et les adorations, et il s'enivre de la beauté des pompes monarchiques. Il ouvre le bal avec la princesse Louise de Mecklembourg, qu'il avait connue enfant et qui sera plus tard la belle et romanesque reine de Prusse; il contemple à Coblentz le plus imposant des princes du Nord, le prince royal de Prusse; il admire sa haute stature, ses façons nobles, et se persuade sans doute avec les émigrés français que la seule apparition sur les frontières de ce vrai type de roi va faire tomber les armes des mains des sans-culottes. A Londres, où il accompagne une mission envoyée par le gouvernement des Pays-Bas, il est admis dans l'intimité du prince de Galles, un fort bel homme aussi, séduisant de langage et de manières, quoique un peu enclin à se distraire dans une autre compagnie que la bonne.

Les postes brillants ne lui manquent pas plus que les distinctions flatteuses; il ignore ces stages fastidieux, énervants, où le talent s'use avant de donner ses fruits. Sa carrière court, se précipite et n'est guère entravée que par cette turbulente nation qui s'agite en deçà du Rhin et même au delà. Désigné à vingt et un ans pour la légation de la Haye, il est coupé de son poste par cet indiscret de Pichegru qui s'avise juste à ce moment de conquérir la Hollande. Ce n'est pas le seul déplaisir qu'il éprouve par notre fait. La République française, maîtresse de la rive gauche du Rhin, confisque les domaines de sa famille. Plus tard Napoléon attachera un renom sanglant et néfaste au village d'Austerlitz où s'était célébré son mariage avec la fille du prince de Kaunitz. La grande nation lui prend ses meilleures terres, la grande armée lui gâte ses plus riants souvenirs, procédés discourtois qui ne contribuent pas à développer son médiocre penchant pour la France.

Qui croirait que Metternich devint diplomate malgré lui? Ses goûts le portaient vers les sciences médicales : il les sacrifia pour complaire au désir de l'empereur François, et accepta en 1801 la légation de Dresde, qu'il quitta deux ans après pour l'ambassade de Berlin. Jamais carrière embrassée par contrainte ne ressembla davantage à une véritable vocation, et si Metternich ne s'abuse pas sur son éloignement pour les affaires d'État, il a le droit d'écrire que sa volonté n'avait pas l'habitude de faire les choses à moitié. Point de tâtonnements, point d'étourderies de novice : il arrive d'emblée à la maturité diplomatique. Chargé de la plus difficile des missions dans une heure critique pour la monarchie autrichienne, il tire de la situation tout ce qu'elle peut donner. Engager et compromettre la Prusse dans l'alliance de l'Autriche aux prises avec Napoléon, en 1805 ; presser les prudentes lenteurs du ministre des affaires étrangères en titre, M. de Hardenberg ; combattre l'hostilité latente du ministre de fait, M. de Haugwitz, dont les perfides manœuvres défont dans l'ombre la trame laborieusement ourdie par la diplomatie autrichienne ; persuader à un prince circonspect et craintif, à un peuple « habitué à ne travailler que pour du profit tout clair », que leur salut est dans une alliance étroite avec une nation dont les armées mettent bas les armes, dont la capitale est menacée, dont la puissance craque de toutes parts, telle est la tâche qu'il poursuit avec une énergie obstinée, et le tsar Alexandre, qui descend volontiers au rôle de négociateur pour user sur le roi Frédéric-Guillaume de son autorité et de ses séductions personnelles, trouve dans ce diplomate à ses débuts un auxiliaire autrement utile que dans son propre ambassadeur à Berlin, M. d'Alopéus, un vétéran des chancelleries européennes.

A peine leurs efforts conjurés ont-ils arraché au roi de Prusse le traité de Potsdam, que la conquête impétueuse de Napoléon brise cette arme entre leurs mains; mais Metternich refuse de se rendre, même après Austerlitz; il récuse les accablantes nouvelles propagées par les bulletins français, il prétend maintenir la vertu de stipulations devenues caduques, et à l'heure même où son souverain accepte les conditions du vainqueur, il s'efforce encore d'entraîner la Prusse sur le champ de bataille. La paix de Presbourg l'attriste sans l'abattre; elle est à peine signée qu'il songe à en conjurer les effets, et déjà il ébauche un plan politique destiné à reformer le faisceau violemment rompu et à mettre la triple alliance en travers de Napoléon.

II

Un double trait à relever chez Metternich dans cette première campagne, c'est la ténacité dans les idées et l'aménité dans les formes. Il n'a garde de mêler les affaires et les personnes, et s'applique au contraire à rester en termes courtois avec ses adversaires les plus déclarés. Cette bonne grâce dans les relations fut très sensible à notre ambassadeur à Berlin, M. de Laforest, dont la position était devenue plus que difficile par suite des négociations engagées en vue du traité de Potsdam, et elle décida de la nomination de Metternich comme ambassadeur à Paris. Ce fut Napoléon lui-même qui le demanda, sur le conseil de Talleyrand, dont M. de Laforest avait toute la confiance.

C'était un grave et périlleux honneur que de représenter l'Autriche à la cour des Tuileries. Metternich ne l'envisagea pas sans appréhension, et pour se mettre en mesure de le mieux soutenir, il songea tout d'abord (notez ce trait d'une race qui ne se croit pas tous les talents innés) à consulter le dépôt des archives de la chancellerie. Mais les traditions et les enseignements de la diplomatie n'avaient pu prévoir ni un événement comme la révolution française, ni un homme comme Napoléon, et les diplomates de la vieille école en étaient encore à se frotter les yeux devant de pareils monstres. Metternich comprit qu'il avait mieux à faire que de feuilleter de vieux documents, c'était d'observer sur le vif les Français et leur chef, d'étudier les ressorts de leur puissance, et d'en surprendre les points faibles et vulnérables.

Il fit preuve, dans son nouveau poste, d'un sang-froid et d'une fermeté peu ordinaires. Les événements les plus désastreux pour l'indépendance de l'Europe, l'écrasement de la Prusse après Iéna, l'abandon de la Russie aux volontés de Bonaparte après Tilsitt ne troublent pas plus sa lucidité d'esprit qu'elles n'amoindrissent sa foi dans l'avenir. Dès le mois de juin 1807 il signale les germes de destruction que renferme le nouvel état de choses, et pour en précipiter l'éclosion il compte avant tout sur la fougue d'ambition et d'orgueil qui emporte le dominateur de l'Europe.

La véhémence de ses appréciations intimes sur le caractère de la politique impériale contraste avec les tempéraments calculés de son langage officiel. A l'occasion de la signature du traité de Fontainebleau, qui rectifiait les frontières de l'Italie et de l'Autriche, Napoléon le félicite de l'esprit conciliant qu'il a montré dans le cours d'épineuses négociations. Ouvrez à cette date ses dépêches à son ministre, le comte de Stadion, et voyez comme il s'y dédommage de sa modération obligatoire, comme il y stigmatise l'impudence de ce gouvernement qui entend garder tout ce qu'il a saisi, saisir tout ce qu'il convoite, et fonder le droit sur la maxime du *beati possidentes*!

Quand il n'a devant lui que le ministre

des relations extérieures, M. de Champagny, c'est-à-dire le servile écho de Napoléon, il a le ton plus libre, plus osé ; il se plaît à lui faire réciter son rôle, à mesurer l'étendue de la leçon apprise à la volubilité du débit, à discerner avec les premières hésitations le point précis où Napoléon finit et où Champagny commence, et alors il le presse, il l'embarrasse de solides objections, de questions insidieuses, et le réduit à s'aller remettre à l'école.

En face de l'empereur il garde une attitude digne d'être remarquée, soit qu'il se borne au rôle d'observateur attentif, éveillé, perspicace, soit que, pris directement à partie, il se défende avec mesure, avec courtoisie, parfois même avec grâce, mais sans rompre plus qu'il ne lui convient. Les réceptions du corps diplomatique étaient redoutées de plus d'un ambassadeur, à cause des violentes sorties de Napoléon. Metternich, au contraire, en est avide, presque friand, et s'il est absent quand l'une d'elles est annoncée, il voyage en poste jour et nuit pour ne la pas manquer. Il a la bravoure de son état et court allégrement au feu. Ces réceptions sont si instructives, tout en étant si désagréables! Les brusqueries, les témérités, les emportements de langage de l'empereur sont la pâture de son esprit actif, qui cherche à y surprendre l'intention secrète, l'alliance qui se noue, le plan qui s'ébauche, la proie qu'on guette et qu'on enlace. Il s'applique à discerner dans ces fougueux monologues les saillies calculées de celles qui échappent au tempérament, les phrases terrifiantes, qui visent la galerie, des mots qui précèdent les actes et où l'on sent comme la pointe de l'épée, et ses vives impressions, contrôlées et commentées par une réflexion sagace, vont aussitôt avertir et stimuler le gouvernement autrichien. Les relations qu'il a rédigées de ce qu'il appelle les *manifestes oraux* de l'empereur sont une des parties les plus intéressantes de sa correspondance diplomatique. Il a su, pour les tracer fidèlement, vaincre ses habitudes de chancellerie, ses délicatesses de grand seigneur, ses scrupules d'homme de goût; son style, naturellement logique, sobre, mesuré, s'évertue à suivre les caprices et les audaces de la parole de Napoléon, et se fait, tant qu'il peut, nerveux, heurté, pittoresque. En cela il obéit à son devoir d'exact et fidèle rapporteur, et aussi sans doute à ce goût de moraliste, qui est au fond de tout vrai diplomate, et qui le pousse à saisir et à fixer les traits caractéristiques d'un homme extraordinaire.

III

Le bruit avait couru que Napoléon revenait de Tilsitt avec des façons plus civilisées, et le corps diplomatique avait accueilli cette nouvelle avec un contentement manifeste : ce contentement fut court. Rarement Napoléon se montra plus agressif que dans les audiences qui suivirent son retour. Sa parole railleuse, insolente, hautaine sous des formes crûment familières, provoque, blesse, menace, et ne souffre ni contradiction ni explication. A l'ambassadeur d'Espagne il lance en passant un quolibet sur la passion maniaque de son maître pour la chasse; au général Armstrong, ministre des États-Unis, qui ne comprenait que l'anglais, il demande à brûle-pourpoint : « Avez-vous appris le français depuis », et peu après, revenant sur ses pas, il le menaçait d'une discussion grammaticale, que le ministre ne réussit à éviter qu'en détournant la tête. Il accuse le pape de laisser quinze sièges épiscopaux vacants, d'empiéter sur les droits de la couronne, bref d'être un mauvais chrétien ; puis, s'adoucissant pour le pape aux dépens des membres du sacré collège, il traite l'un de brave homme, les autres de gens qui n'ont pas le sens commun. Le nonce, auquel il adresse toutes ces aménités, essaye deux fois de prendre la parole, sans l'obtenir une, et ne réussit qu'à s'attirer cette brutale apostrophe : « Eh bien ! vous me forcerez de vous mettre à l'ordre et alors je vous serrerai tellement que je vous réduirai à la besace ». Le Portugal, les villes Hanséatiques, tout ce qui prétend rester neutre dans la lutte engagée entre l'Angleterre et la France, essuie le gros de sa colère : « Si le Portugal ne fait pas ce que je veux, dit-il à M. de Lima, la maison de Bragance ne régnera plus en Europe dans deux mois. » Et brusquement, au sénateur de Brême : « Comment va-t-on chez vous ? — Mal, sire. — Eh bien ! vous irez plus mal encore.... »

Ainsi tombent les soufflets sur la joue sacrée des ambassadeurs, et Metternich les enregistre avec une satisfaction maligne, en comptant à part lui tout ce qu'ils vont allumer de sourdes colères, et de combien ils avanceront le jour de la révolte et de l'affranchissement. Il a la bonne fortune de n'en point attraper pour son compte, et ce bonheur est mérité par la sagesse de son attitude et l'opportune souplesse de son langage. C'est surtout dans ses entretiens particuliers avec Napoléon qu'il fait preuve de tact et de présence d'esprit. L'impétuosité de son interlocuteur, la hardiesse de ses desseins, la fermentation incessante de ses idées ne le déconcertent point. Il le suit d'un esprit suffisamment alerte, songe moins à se récrier qu'à bien comprendre, « saute à pieds joints », s'il le faut, dans la question d'Orient, ne s'étonne pas plus qu'il ne sied d'entendre dépecer la Turquie toute vivante, et s'inquiète bien plutôt de déterminer le point de maturité où le projet est parvenu, le degré précis de l'entente entre la France et la Russie. Quant aux griefs de Napoléon contre la froideur ou même contre l'hostilité latente de l'Autriche, il les élude ou les atténue avec une grâce captieuse, et l'oblige à convenir qu'il est difficile à une nation aussi souvent et aussi vigoureusement battue de passer sans transition à l'amour de son vainqueur. Celui-ci goûte cette façon de raisonner, se déride, sourit, devient à son tour presque complimenteur : « Vous avez, lui dit-il, réussi près de moi et près du public d'ici parce que vous ne parlez pas et qu'on ne pourrait pas citer un propos sur votre compte. » Il ajoute même, dans un moment de belle humeur et de large tolérance : « Pensez tout ce que vous voudrez; les pensées sont libres et personne n'a le droit de s'en mêler ».

Metternich, nous le savons, n'avait pas attendu, pour user de la liberté grande, qu'elle lui fût officiellement octroyée. Vienne la guerre d'Espagne, la spoliation et la captivité de Ferdinand VII, il en usera plus largement encore pour flétrir dans ses dépêches à Stadion le mélange de violence et d'astuce qui caractérise la politique impériale. Il ne se contente pas alors de penser, il agit; il essaye de se glisser entre Napoléon et ses ministres, de détacher Talleyrand et Fouché du système de la destruction universelle, et de les transformer d'instruments en obstacles. En même temps il presse à Vienne les armements qu'il nie ou conteste à Paris, il en suit les progrès avec anxiété et en surprend avec une joie contenue les effets sensibles dans les mouvements de l'opinion qui se modifie, dans la compassion des amis de l'Autriche qui se tourne en espérance, dans le dédain de ses ennemis déjà moins superbe et comme mêlé d'involontaire appréhension.

IV

Cependant sa face de diplomate reste impassible, et plus la situation s'assombrit, plus il affecte de calme et de sérénité Dans la célèbre audience du 15 août 1808, où Napoléon l'attaque de front sur les préparatifs militaires de l'Autriche, tandis que M. de Champagny le tient comme bloqué par derrière, son ton mesuré, conciliant, empêche un éclat qui semblait inévitable. Son rapport à Stadion, daté du 17, fixe le caractère de cet entretien où M. Thiers nous montre l'empereur un peu trop adouci, où Lanfrey le peint trop exalté et presque divaguant. Il veut être calme, il le dit, il le répète, et Metternich l'y aide de toutes ses forces; mais le calme de Napoléon s'appellerait de la véhémence chez tout autre souverain. Ses questions vont droit au but; son tour, son geste sont d'un homme impatient de démasquer l'adversaire, et qui, dans la vivacité de son attaque, se découvre lui-même :

Vous en voulez donc à quelqu'un ou vous craignez quelqu'un ? A-t-on jamais vu agir avec une précipitation pareille ? Si vous y aviez mis un an, dix-huit mois, il n'y aurait rien à dire, mais ordonner que tout soit prêt le 16 juillet, comme si ce jour-là vous deviez être attaqués !.... Je suis franc ; je ne cache pas ma politique ; mais vous me forcez à m'adresser au Sénat et à lui demander deux conscriptions, vous vous ruinez, vous me ruinez ; l'Angleterre peut vous donner de l'argent, mais jamais assez, et elle ne m'en donne pas ; les États de la Confédération, déjà bien assez malheureux, se ruinent, et quand toute la population masculine de l'Europe se trouvera sous les armes, il faudra donc faire lever les femmes ? Cet état peut-il durer ? Il doit nous mener à la guerre sans que nous la voulions. Qu'espérez-vous donc ? Êtes-vous d'accord avec la Russie ? Je ne le crois pas, mais dans ce cas vous me présenteriez une ligne de défense respectable.

Napoléon, en prononçant ces dernières paroles, regardait en même temps que le ministre d'Autriche celui de Russie, qui conservait une attitude imperturbable. A deux reprises, l'ambassadeur de Turquie présent et écoutant, il fait au partage de l'empire ottoman les plus transparentes allusions. Mais s'il y a de la chaleur, de la brusquerie, de la témérité dans son langage, il n'y a point d'insultes, et Metternich en est tellement surpris et ravi qu'il lui fait la part d'éloges un peu plus large que de raison en disant « qu'il ne quitta jamais ni le ton, ni les expressions de la plus étonnante mesure ». Le jeune diplomate eut l'art de se dégager de ses vives étreintes, et l'esprit de terminer son habile défense par une saillie d'autant plus agréable à l'empereur qu'elle le louait d'une qualité dont il ne se montrait pas prodigue, de son impartialité. Napoléon, après lui avoir indiqué la ligne de conduite qui convenait à l'Autriche, ayant ajouté : « Vous pensez de même. — Non seulement je pense de même, répliqua-t-il en souriant, mais je crois débattre nos intérêts avec le ministre des affaires étrangères de l'Autriche, tant ce que dit Votre Majesté est vrai. »

« Une seule parole mauvaise de vous personnellement aurait provoqué la guerre », lui disait Napoléon quelques jours plus tard, et dans cette nouvelle entrevue que ne risquait plus de passionner la présence d'un nombreux auditoire, l'empereur mettait tant de mesure dans ses questions, Metternich tant de bonne grâce dans ses répliques, que l'entretien ressemblait moins à une discussion politique qu'à une « querelle d'amants ».

Ce qui n'empêchait pas les deux amants de s'en aller, peu de temps après, l'un à Erfurt pour y chercher l'alliance de la Russie contre l'Autriche, l'autre à Vienne pour y méditer sur son exclusion d'Erfurt, et y rédiger deux Mémoires où il sondait la profondeur de la plaie faite à la puissance impériale par la résistance du peuple espagnol et supputait le nombre exact d'hommes que la France et l'Autriche pouvaient s'opposer sur le champ de bataille.

La guerre éclata et devait fatalement éclater entre les deux empires, guerre prévue, presque désirée par Metternich, auquel M. Thiers fait honneur de pressentiments et d'appréhensions qu'il ne paraît pas avoir éprouvés. Il était au contraire plein d'une secrète espérance, et ses temporisations ne tendaient qu'à mettre les torts de l'agression du côté de l'empereur des Français pour l'empêcher de faire valoir la clause de la convention d'Erfurt qui lui assurait l'aide effective du tsar. Il avait vu nettement la situation difficile, périlleuse de Napoléon, les terribles hasards qu'il allait courir; il n'avait oublié qu'une chose, c'était de faire une assez large part à son génie, et par là ses calculs cessaient d'être justes. Telle était sa ferveur belliqueuse qu'il s'était même improvisé stratégiste; mais il faut avouer que sa stratégie était beaucoup plus candide que sa diplomatie. Dans l'une des dernières dépêches qu'il date de Paris, il avait fait cette belle découverte que pour combattre Napoléon avec succès, il fallait tout simplement imiter sa tactique, rivaliser avec lui de mobilité, d'élan, d'audace, de ténacité, en un mot le battre avec ses propres armes. Les généraux autrichiens ne purent contester la bonté de ce conseil, essayèrent d'être des Napoléon, n'y réussirent pas, et les patriotiques protestations de Metternich ne purent empêcher l'Autriche de signer une paix qui lui enlevait 1 500 000 habitants et réduisait son armée à 150 000 hommes.

C'est sous le coup de ce désastre écrasant, au moment où l'empire d'Autriche touchait au comble de l'impuissance et de la honte, que Metternich était appelé à la direction des affaires étrangères, c'est-à-dire au rang de premier ministre. Il n'acceptait que par devoir cette situation si haute et si misérable, et c'est là pourtant qu'il allait trouver ses premiers et ses plus éclatants succès, et conquérir le meilleur de sa renommée.

V

L'Autriche se bornait, pour toute ambition, à souhaiter de vivre jusqu'au jour de la commune délivrance, et voici que, par une fortune inespérée, son vainqueur lui tend la main et lui permet de se relever à l'ombre de sa puissance. Napoléon se décide, après de longs ajournements, à répudier Joséphine, hésite quelque temps entre une princesse russe et une princesse allemande, et, cédant à l'orgueil du parvenu plutôt qu'aux raisons supérieures de l'homme d'État, il veut jouer au Bourbon et triompher des dédains de la vieille noblesse française en entrant de plain-pied dans la maison de Habsbourg. Sa façon de se mêler aux négociations délicates engagées pour tâter la cour de Vienne n'est pas précisément conforme aux traditions de la maison de France et atteste qu'il manquait encore quelque chose à son éducation monarchique.

Dans un bal travesti donné chez Cambacérès, un masque saisit Mme de Metternich par le bras, et l'entraîne dans un cabinet situé à l'extrémité des appartements : c'était le prétendant à la main de Marie-Louise qui, pour avancer ses affaires et savoir un peu plus vite s'il avait chance d'être agréé de cette princesse, trouvait tout naturel de questionner à l'improviste la femme du premier ministre. Celle-ci se déclarant dans l'impossibilité de répondre : « Que feriez-vous à sa place ? reprit l'empereur. — Je refuserais, répondit-elle avec une malicieuse hardiesse. — Vous êtes une méchante ; écrivez à votre mari et demandez-lui ce qu'il pense de la chose. » Marie-Louise devait se montrer moins superbe que Mme de Metternich, et le premier ministre, qui n'était point homme à faire de la politique de sentiment au détriment de l'État et aimait mieux céder une archiduchesse qu'une province, saisit cette occasion unique de faire échec à la Russie et d'assurer à l'Autriche le loisir de panser ses plaies.

Il accepta même l'honneur d'accompagner l'archiduchesse en France et fut accueilli aux Tuileries avec une faveur extraordinaire. Napoléon, secrètement charmé par cette auguste alliance, éprouve alors un véritable engouement pour l'Autriche, qu'il traitait l'année précédente de « nation pourrie et sans tête ». Il l'admire dans ses grandeurs historiques et jusque dans les usages ou les termes surannés de son antique cérémonial. Ah! les beaux titres que ceux de Saint-Empire Romain, de Couronne apostolique de Hongrie! C'est, en grand, l'histoire ou la comédie du parvenu ravi de s'allier à la noblesse qu'il raillait la veille, épousant avec la fille d'une illustre maison les préjugés gothiques de ses ancêtres, et les exagérant même pour mieux se laver de ses origines. En lisant sur les lettres de Marie-Louise à son père cette suscription : « A Sa Sacrée Majesté Impériale », il est pris d'une émotion grave; il loue, il envie ces titres qui commandent la vénération, il est impatient de s'en revêtir lui-même, et le principe du droit divin trouve un apologiste inattendu dans le héros du 18 Brumaire. « L'usage est beau et bien entendu, dit-il d'une voix solennelle. Le pouvoir vient de Dieu, et c'est par là seulement qu'il peut se trouver placé hors de l'atteinte des hommes. » Ce pieux attendrissement n'émousse pas, on le voit, son sens politique, et la beauté du principe s'accroît singulièrement à ses yeux de l'utilité de ses effets.

Il est curieux d'observer Napoléon à ce moment de son règne, dans les premiers ravissements de sa vanité satisfaite, dans les nouveaux loisirs d'une paix glorieuse et qui promettait d'être durable. Son âme semble se détendre, s'ouvrir à des sentiments plus humains; jamais peut-être il ne s'était permis une telle dépense de douceur et de sensibilité. Les affections intimes, auxquelles il avait toujours fait si maigre part, envahissent et même encombrent son cœur. Il a deux épouses à la fois, l'une à consoler, l'autre à rassurer, et il s'acquitte très consciencieusement de cette double tâche. Il écrit à Joséphine, nous dit Mme de Rémusat, des lettres si tendres qu'elle fond en larmes en les lisant ; il se montre si patient, si commode avec Marie-Louise, au témoignage de Metternich, qu'elle est la première à rire de ses alarmes. Il porte dans sa façon d'agir ce mélange d'entraînement et de calcul qu'on peut souvent discerner en lui. Ému ici d'un tendre ressouvenir, là d'une naissante sympathie, il est en même temps soucieux de ménager la grande popularité de Joséphine et de gagner la pleine confiance de la cour d'Autriche. A-t-il une observation à faire à Marie-Louise, il réprime son impatience naturelle et prie Metternich, l'ami d'enfance de l'impératrice, d'éclairer doucement son inexpérience. Ce n'est pas qu'il tourne au souverain correct et compassé : ce genre d'effort était au-dessus de son tempérament. Il a encore des saillies imprévues où périssent les convenances et où éclate un abandon mêlé de finesse, car Napoléon met de la politique jusque dans la bénignité de sa lune de miel. Il invite Metternich à faire visite à l'impératrice, survient au milieu de leur entretien, les engage à continuer, donne, en les quittant, un tour de clef à la porte, et ne revient les délivrer qu'au bout d'une heure. « Eh bien ! leur dit-il, avez-vous bien causé ? L'impératrice a-t-elle dit bien du mal de moi ? A-t-elle ri ou pleuré ? Je ne vous en demande pas compte, ce sont vos secrets, à vous, qui ne regardent pas un tiers, ce tiers fût-il le mari. »

Ce tiers ne se montrait si discret que parce qu'une indiscrétion ne lui pouvait rien apprendre. Ayant en effet, le lendemain, abordé et questionné Metternich sur le même sujet, il faisait lui-même la réponse avec la demande : « Elle vous a dit qu'elle est fort heureuse avec moi et n'a aucune plainte à formuler. » La réponse de Marie-Louise était encore plus à son gré qu'il ne le croyait, et ce débonnaire de fraîche date ne s'imaginait pas sans doute avoir joué son nouveau rôle avec une telle perfection. « Je n'ai pas peur de Napoléon, avait-elle dit, mais je commence à croire qu'il a peur de moi. »

VI

Cependant Metternich, qui n'a pas l'ingénuité de Marie-Louise, ne se laisse pas plus prendre aux avances politiques dont il est l'objet, qu'aux attentions particulières dont il est comblé. Il ne s'engage pas à fond dans la politique d'alliance et ne fait point le faux pas que lui attribue M. Thiers. Le tempérament de Napoléon lui paraît plus fort que ses paroles, que ses actes, que ses intentions mêmes. Dans le plus vif des gâteries impériales, il dit, il répète dans ses dépêches que le gendre de l'empereur François ne s'est pas dépris de son rêve de domination universelle; que les paix qu'il signe ne sont jamais que des trêves; que celle qu'il a conclue à Vienne est un simple répit dont il faut tirer le plus de fruit possible, et pour sa part il s'y emploie de tout son cœur. Il exploite les dispositions gracieuses ou expansives de son hôte, soit pour lui faire rayer la clause du traité de Vienne qui limitait à 150 000 hommes le chiffre de l'armée autrichienne, soit pour tâter la solidité de son alliance avec le tsar, pressentir les causes diverses qui la minent, et déterminer l'heure précise de la rupture. La guerre entre la France et la Russie éclatera au commencement de 1812, dit-il à l'empereur François en octobre 1810, et, fidèle à son habitude de calculer la portée et les conséquences des événements à venir, de tracer d'avance à son gouvernement la meilleure politique à suivre, il estime le prix dont Napoléon devra payer la neutralité ou le concours effectif de l'Autriche, si forte alors dans sa position de flanc.

Sa pénétration n'avait pas été jusqu'à prévoir l'issue désastreuse de la campagne de Russie, et la face des choses changea plus tôt qu'il n'avait osé l'espérer. La coalition européenne, toujours dissoute par la force ou l'habileté de Napoléon, rejoint spontanément ses membres brisés. Les alliés que la peur ou la cupidité avait donnés à la France se retournent contre elle, la Prusse avec une ardeur vindicative impatiente de s'assouvir, l'Autriche avec les atermoiements et les ménagements qui conviennent au père de Marie-Louise.

« La sagesse de notre gouvernement, avait écrit Metternich à Stadion au lendemain du traité de Tilsitt, doit nous faire arriver au jour où 300 000 hommes réunis, régis par une même volonté et dirigés vers un but commun, joueront le premier rôle en Europe.... » Ce jour était venu : l'Autriche, passant du rôle d'alliée à celui de médiatrice, appuyant sa médiation sur une armée égale au chiffre marqué dans la dépêche du 26 juillet 1807, apparaît comme l'arbitre et la maîtresse de la situation entre les Prussiens et les Russes, vaincus à Lutzen et à Bautzen, et Napoléon, épuisé par ces laborieuses et sanglantes victoires.

C'est le moment de l'entrevue de Dresde, où Metternich, parlant au nom de l'Europe, propose à l'empereur une paix glorieuse encore ou une guerre implacable, entrevue véritablement émouvante, non seulement par la grandeur des intérêts en jeu, mais aussi par les sentiments et le langage passionné qu'y porte Napoléon. Irrité, exalté par l'attitude froide et décidée de son interlocuteur, il y éclate tout entier et se peint lui-même avec une fougue enflammée dans les profondeurs de sa nature morale et dans les fatalités de sa situation. Quels transports, quels cris, si l'on peut dire, de son orgueil blessé! Avec quels bonds superbes son ambition et son génie se cabrent contre le frein que l'Europe lui présente! Quels aveux cyniques ou amers, soit de son profond mépris pour le bétail humain qu'il pousse à la mort, soit de l'implacable nécessité qui l'oblige, lui, soldat couronné, à toujours vaincre, à toujours imposer sa loi, sous peine de tomber à son premier revers, à sa première concession! Toutes les circonstances du récit de Metternich ajoutent à l'effet dramatique de cette scène : cette armée de jeunes recrues, presque d'enfants, dont il a traversé les lignes pour arriver au quartier général, et dont le sort s'agite et se décide dans cette heure suprême ; ces généraux effarés et pâles sous l'éclat de leur uniforme qu'il a vus groupés dans les antichambres et qui n'ont pas eu le patriotique courage de lui cacher leurs angoisses, leur soif de paix ; ce duel de paroles amèrement passionnées ou froidement menaçantes, qui se prolonge, sans que personne l'ose interrompre, jusqu'à la nuit tombante, tandis que les ombres plus épaisses enveloppent les deux adversaires et les empêchent de discerner les traits l'un de l'autre ; enfin la dernière et fatale exclamation que Metternich, en franchissant le seuil de la salle, jette en réponse à la sécurité affectée par Napoléon : « Sire, vous êtes perdu ! »

M. Thiers a raconté cette scène, en s'inspirant du récit que lui avait communiqué Metternich, mais en l'arrangeant de façon à lui donner plus de relief et aussi, croyait-il, à le rapprocher de l'exacte vérité. Voyez cependant la supériorité du témoin, de l'acteur du drame sur le plus vivant des historiens : le grave et sentencieux esprit de Metternich l'emporte ici par l'émotion et la vraisemblance sur la vive et sympathique nature de M. Thiers. Celui-ci, par déférence pour son héros, par un goût trop sensible pour la dignité et la bienséance du langage (un défaut dont nous nous sommes trop corrigés depuis), ennoblit ou tempère ces énergiques saillies où l'âme de Napoléon se montre à nu. Donnons quelques exemples de cette légère parure académique jetée sur la simplicité du texte primitif : « Vous n'êtes pas soldat, avait-il dit d'un ton rude à Metternich, qui faisait appel à son humanité, et vous ne savez pas ce qui se passe dans l'âme d'un soldat. J'ai grandi sur les champs de bataille et un homme comme moi *se soucie peu* (il faut passer à Metternich cet euphémisme obligatoire) de la vie d'un million d'hommes. » Thiers atténue les chiffres, le tour et le sentiment : « Vous n'avez pas vécu dans les camps et appris comme moi à mépriser la vie d'autrui et la vôtre. Que me font à moi 200 000 hommes ! » Ailleurs il resserre et adoucit l'expression plaisamment insolente des regrets que Napoléon éprouve de son alliance avec la maison d'Autriche : il en fait un gendre moins mal élevé, qui dit simplement : « J'ai commis une faute en épousant la fille de l'empereur François ». Mais ce gendre, chez Metternich, sent et parle avec une autre vivacité ; il s'épanche, il se tutoie, il se gourmande avec une passion naïve : « J'ai fait une bien grande sottise en épousant une archiduchesse.... Je me disais alors : tu fais une folie ; mais elle est faite, je la regrette aujourd'hui. »

« George Dandin! George Dandin! s'écrie le personnage de la comédie, vous avez fait une sottise, la plus grande du monde! » C'est presque le même tour, le même accent qu'on retrouve dans la bouche du soldat de fortune marié, lui aussi, à une demoiselle. O Molière! admirable et inévitable peintre de la nature humaine, auquel il faut toujours revenir, même à propos de l'entrevue de Dresde et des Mémoires de Metternich.

VII

C'est ici l'heure la plus brillante de la carrière de Metternich : à force de raison, de raison froide, prudente, patiente, en s'appuyant sur cet invincible allié qu'on appelle la force des choses, il triomphe du génie qui s'épuise à embrasser et à réaliser l'impossible, mais il a le tort de ne pas triompher assez modestement. Il est grand surtout des fautes commises par l'adversaire, ce qui n'est pas la même chose que de tirer sa grandeur de son propre fonds, et ce qui ne l'autorise pas à traduire l'impression que lui fit à Dresde le vainqueur d'Austerlitz et de Wagram par cette parole étonnamment dédaigneuse : « L'avouerai-je, Napoléon me parut petit ». De plus, quand on se vante de pouvoir mettre en ligne un chiffre d'hommes trois fois supérieur à celui des Français, sans compter d'énormes réserves, il conviendrait de reconnaître chez l'ennemi ces merveilles de stratégie qui suppléent au nombre, de ne pas présenter la bataille de Leipzig comme si vite et si complètement gagnée, de ne pas glisser sur l'*insignifiante* journée de Montereau.

Si considérable, si décisive que soit l'activité déployée par Metternich, il s'exagère son personnage, il se figure qu'il résume, qu'il incarne en lui l'Europe entière, mieux encore la Providence. Le langage dans lequel il exalte son œuvre, même dans sa correspondance intime, n'est plus d'un diplomate, mais d'un prophète. Que dis-je? un prophète : il est l'archange porteur des colères célestes, il en a le ton, le geste, le regard étincelant, attitude qui sied mal à un ministre des affaires étrangères, même établi dans la plus forte des positions. « Napoléon, écrit-il à son père, pense à moi à toute heure du jour ; je dois lui apparaître comme une espèce de conscience personnifiée. » Il y a telle occasion où Dieu même semble ne se prononcer qu'après Metternich et se contenter d'abonder dans son sens. Celui-ci avait combattu l'intention du tsar de placer Moreau à la tête des armées russes; peu après, ce général fut mortellement frappé sur le champ de bataille. « Dieu a prononcé, dit Alexandre à Metternich, qui répète le propos sans sourciller; son avis a été le vôtre. » Qu'il est difficile à l'esprit le plus rassis d'échapper à l'enivrement du succès! A son retour à Vienne, après la paix de Paris, au milieu de l'ovation à la fois aristocratique et populaire dont il fut l'objet, un jeune poète le salua des louanges les plus flatteuses, mais la cantate publique avec tout l'éclat de ses hyperboles pâlissait encore devant l'hymne enthousiaste que Metternich ne se lassait pas de se chanter à lui-même.

Ce contentement, cette admiration de soi qui vont ici jusqu'au lyrisme se retrouvent dans tout le cours des Mémoires, mais sous une forme plus grave et plus hautaine. Est-ce illusion de l'âge (il y a aussi une fatuité sénile, et avant comme après l'action, qui seule nous donne notre mesure, nous sommes portés à nous surfaire) ou bien affaiblissement de la mémoire, ou plutôt désir de se présenter à la postérité dans l'attitude la plus avantageuse? Toujours est-il que Metternich, lorsqu'il revient sur ses actes passés, a une façon de prendre ses avantages qui n'est pas toujours d'accord avec les faits, tels qu'il les expose lui-même au moment où ils s'accomplissent. Sa prévision, de grande qu'elle était, devient infaillible, et si l'événement a trompé ses espérances, si, par exemple, la campagne de 1809 aboutit à Wagram, cela tient à ce qu'on n'a pas tenu compte de ses sages conseils sur le moment d'engager la guerre, sagesse qui n'a pas laissé de traces dans les dépêches expédiées de Paris à Vienne.

Nous avons loué l'attitude à la fois digne et habile qu'il avait gardée dans la réception diplomatique du 15 août 1808; Metternich vieillissant ne trouve plus cette attitude à son gré; il la veut et la peint plus dégagée, plus fière, en même temps qu'il grossit encore les difficultés et le péril de sa situation. Napoléon, dans la dépêche en date du 17 août, l'aborde d'un air libre, commence par l'entretenir du temps qu'il a fait et de la santé des siens : son front, dans les Mémoires, s'est rembruni, et il le prend immédiatement et rudement à partie sur les armements de l'Autriche ; ici sa voix reste calme, mesurée ; là elle s'élève et menace, mais sans faire baisser le ton de Metternich, qui combat de vains arguments par une ironie supérieure. Enfin, l'audience à peine terminée, tout le corps diplomatique entoure l'ambassadeur d'Autriche et le félicite de la leçon qu'il vient de donner à l'empereur. De la leçon donnée, des félicitations reçues la dépêche ne souffle mot, comme si la chose ne méritait pas d'être signalée au gouvernement de Vienne.

Une autre prétention, une autre illusion de Metternich, c'est ce qu'il appelle l'inflexibilité de ses principes. La souplesse proverbiale du diplomate, sa promptitude à changer de vues et de langage au gré d'intérêts essentiellement mobiles, est, paraît-il, remplacée chez lui par une immuable rigidité d'opinions toutes assises sur la plus stricte équité et la loyauté la plus scrupuleuse. Il faut entendre de quel ton il parle de cette politique que mène un étroit égoïsme national! avec quelle noble pudeur il se rejette loin des Richelieu, des Mazarin, des Talleyrand et de leurs émules! Il nous semble qu'ici Metternich fait bien le dégoûté. Il est mal venu à renier ces maîtres de son art; qu'il le veuille ou non, il est de leur famille, et, n'en déplaise à son rigorisme tardif, il est trop intelligent pour être si vertueux. Ses principes, si farouches en théorie, savent s'humaniser dans la pratique, fléchir avec aisance et surtout avec fruit. Il défend contre Talleyrand l'intégrité de la Turquie jusqu'au moment où celui-ci, la déclarant fort compromise, lui propose de la violer de concert avec la France et la Russie, et alors il n'a plus qu'une crainte, c'est que l'Autriche, en s'asseyant à la table du festin, n'ait affaire à de trop gros mangeurs. « Tout négociateur, écrit-il à la suite de cet entretien, qui ne marchera pas ainsi, aura beau courir après la vérité et les principes, il mourra essoufflé en route avant d'avoir atteint ses adversaires. » Pour gagner du terrain, en évitant l'asthme, Metternich jette son lest — ses principes, — quitte à les ramasser dans ses Mémoires pour s'en décorer pudiquement.

Dans les circonstances où il les invoque le plus fièrement, où il paraît décidé à s'y retrancher, à s'y barricader, il a soin de se ménager une petite porte de sortie qui s'appelle la nécessité. Les principes, par exemple, interdisent absolument à l'empereur d'Autriche, « le véritable, l'unique représentant qui reste encore d'un ordre de choses consacré par le temps et reposant sur le droit éternel, immuable », de s'allier jamais à celui qui s'acharne à mettre cet ordre en pièces. « Le jour où des troupes autrichiennes marcheront côte à côte avec les bandes françaises et confédérées et prendront part avec elles à une guerre de destruction, ce jour-là, dit-il à l'empereur François dans le rapport sur sa mission à Paris, Votre Majesté aura déposé ce noble caractère. » Peut-on faire une déclaration plus précise, sur un ton plus solennel? Lisez, je vous prie, la suite, qui est soulignée dans le texte : « Il n'y aurait vraiment que l'impossibilité absolue d'agir autrement qui pourrait nous forcer à jouer ce rôle ». Ce cas d'impossibilité absolue se rencontre, paraît-il, le jour où Napoléon propose à l'Autriche, pour prix de son alliance effective, l'utile échange de la Galicie contre l'Illyrie, mieux encore, une province de la Prusse, la Silésie. Guerre de conservation, dit Metternich, et d'augmentation, ajouterons-nous, aux dépens du voisin et de l'ami! Qu'est-ce donc si ce n'est pas là du pur égoïsme national? Si vous cherchez dans les Mémoires un aveu, un souvenir de cette légère dérogation aux principes, vous y trouverez tout autre chose : des protestations de dévouement à la nation prussienne et l'assurance envoyée par Metternich au roi Frédéric-Guillaume « qu'il pouvait être moralement sûr que l'empereur François serait toujours à ses côtés comme un ami fidèle ».

VIII

La correspondance de Talleyrand et de Louis XVIII pendant le Congrès de Vienne, que M. Pallain a récemment publiée en l'éclairant d'une remarquable introduction, nous montre Talleyrand et Metternich vivement engagés l'un contre l'autre, et justement les principes sont l'objet de leur débat. Mais, par une curieuse rencontre, c'est Talleyrand, le sceptique, qui les défend, et Metternich, l'austère, qui les trahit. C'est Talleyrand qui proteste, au nom de l'équilibre européen ou des droits dynastiques, contre la destruction de la Saxe et la royauté usurpatrice de Murat, et c'est Metternich qui hésite, se dérobe, ici par des ménagements intéressés pour la Prusse, là, ce qui est plus grave, par une tendre complaisance pour la charmante femme de Murat. Il n'avait pas impunément admiré, pendant son séjour à Paris, l'esprit et la grâce de Caroline Bonaparte, et, plus touché de ses piquants attraits que de la majesté du droit historique, il ménageait, dans le souverain, surtout la souveraine. Ce genre de constance n'est pas précisément celui dont il se targue dans ses écrits, et il parait ici d'autant moins fidèle à ses principes qu'il l'est davantage à sa dame. Louis XVIII s'en indigne, Talleyrand s'en amuse, et le trop crédule lecteur des stoïques déclarations contenues dans les Mémoires constate avec une pénible surprise que Metternich avait aussi sa Cléopâtre. Cléopâtre aurait même, dit-on, sous des noms divers et plus ou moins célèbres, tenu une assez large place dans cette vie cependant si occupée. Nous touchons à un point délicat, aux mœurs galantes de Metternich, dont les Mémoires ne laissent rien soupçonner. La discrétion est assurément de bon goût en pareille matière, mais à la condition qu'elle ne soit pas poussée jusqu'à l'affectation d'une gravité d'emprunt, qui eût fait sourire les contemporains. Metternich, à l'entendre, n'aurait donné ses soirées au monde, après avoir consacré tout le jour aux affaires, que pour perfectionner son jugement et affiner son esprit. La chronique, dont Metternich relève aussi bien que de l'histoire, lui attribue des intentions moins littéraires et des passe-temps plus doux qui pourront quelque jour faire l'objet d'un livre analogue à celui que Mme Mary Summer a écrit d'une fine plume sur les *Belles amies de Talleyrand*. C'était peut-être encore là de la diplomatie, mais de la diplomatie à l'usage et au goût d'un grand seigneur élégant et voluptueux, et qui avait l'inconvénient de blesser des principes plus anciens même que ceux qui constituaient le vieux droit européen.

Nous venons de rappeler la correspondance de Talleyrand avec Louis XVIII : il ne faudrait pas s'attendre à retrouver dans les écrits de Metternich ces rares qualités d'esprit et de style qui distinguent le diplomate français, et répandent un charme exquis sur les plus graves matières : cette vive et preste façon d'élaguer d'une discussion complexe et prolongée tout ce qu'elle a d'oiseux et de confus pour la résumer en traits précis et essentiels, ou la traduire en un dialogue serré, rapide, lumineux ; ce sens si net, cette logique si rigoureuse qui s'expriment ou plutôt s'échappent en brèves et décisives saillies ; enfin et surtout cette grâce perspicace et moqueuse et ce tour plaisant d'imagination qui excellent à saisir et à rendre les moindres ridicules de l'adversaire, véritable talent de moraliste et de peintre qui semble élever Talleyrand au-dessus de tous ses contradicteurs et lui donner sur les empereurs et rois rassemblés au Congrès de Vienne cette espèce de maîtrise que l'auteur comique exerce sur ses personnages.

L'œuvre de Metternich n'a pas ces vifs attraits. Le style des Mémoires, qui ont été composés à loisir, se distingue par la netteté, la sobriété, la fermeté, plutôt que par la vivacité et l'agrément. Les communications diplomatiques, rédigées d'une main plus hâtive, sont d'une langue moins châtiée : l'intérêt politique prime et exclut la préoccupation littéraire. Le raisonnement y revêt la forme syllogistique; les divisions, les subdivisions, surabondent; les questions y sont étudiées, creusées, retournées sous toutes les faces d'une main plus vigoureuse que légère. Mais ici le fond emporte la forme et on goûte un plaisir sévère à suivre l'effort d'un esprit ainsi attaché ou plutôt acharné à son objet. Cette lecture très attachante est en même temps très saine et très tonique pour les nations fortement éprouvées : on y voit, entre autres choses dignes d'attention, une foi vivace et active dans les destinées de la patrie mutilée et dépendante, les ardeurs et les impatiences du sentiment maîtrisées par une raison soucieuse du possible et de l'utile, le présent supporté avec une patience qui n'est pas dépourvue de dignité, l'avenir toujours en vue, médité, élaboré avec une constance silencieuse, et enfin l'occasion propice saisie avec une clairvoyance et une énergie capables de dompter la mauvaise fortune, occasion qui ne fait jamais défaut aux peuples en humeur et en état de la mettre à profit.

LE MARÉCHAL DAVOUT

LE MARÉCHAL DAVOUT[1]

I

Il n'y a guère de plus périlleuse épreuve, pour un homme illustre, que la publication de ses lettres intimes : c'est à ces révélations dernières que les malveillants, les jaloux ou les simples sceptiques l'attendent, le guettent en quelque sorte, et, lorsqu'ils y ont trouvé ce qu'ils y cherchent, quelque malheureuse défaillance, quelque sentiment étroit ou bas, ils se tournent d'un air ravi vers ses admirateurs et leur disent : « Voyez, il est semblable à nous ; c'est un homme comme nous ».

---

1. *Le Maréchal Davout, prince d'Eckmühl, raconté par les siens et par lui-même*, Didier, 1879.

Le maréchal Davout résiste, ou plutôt gagne à cette épreuve. Il était connu pour un grand homme de guerre; sa correspondance et celle de tous les siens attestent que son caractère valait son génie. On peut les scruter longuement, malignement : on n'y trouve qu'intégrité, dévouement, oubli de soi-même. La seule ombre qui planàt sur la réputation de Davout se dissipe dès qu'on le regarde de près. S'il fut rude au soldat, sévère pour l'ennemi jusqu'à passer pour impitoyable, il le fut non par tempérament, mais par amour passionné de la discipline, ou par stricte obéissance aux ordres reçus, et, dans les circonstances qu'on impute le plus durement à sa mémoire, il eut l'honneur de rester bien en deçà de sa consigne. Hors de son commandement, son front se déride, son cœur se livre; c'est le plus tendre des maris et un père, j'allais dire un papa, d'une admirable sollicitude et d'une bénignité charmante; bref, il attire notre sympathie comme il s'impose à notre admiration. Le maréchal Davout est un des types supérieurs de la race française; et sa fille, la marquise de Blocqueville, en rassemblant, en ordonnant, en mettant en œuvre avec une infatigable ardeur tous les documents originaux qui nous aident à le mieux connaître, a fait œuvre de piété patriotique autant que filiale.

II

Le trait caractéristique de sa vie militaire, c'est une sorte de haute probité qui étouffe en lui les conseils de l'intérêt, de la vanité, de l'ambition même légitime. Officier au Royal-Champagne en 1790, il proteste contre le renvoi de 35 cavaliers pour cause d'opinion politique; arrêté, emprisonné, puis mis en liberté par décret de l'Assemblée nationale, il refuse une liberté qui ne l'absout pas, veut absolument être jugé, n'y réussit point, et donne sa démission pour garder son recours contre le ministre de la guerre. Il reprend, peu après, du service pour défendre le sol envahi. Enrôlé dans le 3ᵉ bataillon de l'Yonne, élu commandant par ses camarades, bientôt général de brigade à titre provisoire, ses talents et son zèle le désignent à l'attention du ministre, qui veut le faire général de division; Davout refuse parce qu'il ne se croit pas mûr pour le commandement. Cette modestie fut trouvée si extraordinaire qu'elle le rendit suspect, et que, sa qualité de noble aidant, elle manqua le perdre. Cet officier, qui s'obstinait à fuir l'avancement, qui ne se trouvait pas encore apte à mener une division, était le futur vainqueur d'Auerstædt et d'Eckmühl.

Ne voyez là, d'ailleurs, ni timidité ni indécision d'humeur, mais simplement un sentiment très vif et très élevé des devoirs du commandement, avec une ferme résolution de les remplir tout entiers. Dès qu'il en a accepté le fardeau, nul n'est plus jaloux de son autorité, plus résolu à l'exercer sans partage. Appelé à la tête de la cavalerie pendant la campagne d'Italie de 1800, il souffre de voir les réserves de cette arme maintenues sous les ordres d'un ancien divisionnaire dont on craint les susceptibilités ou les résistances, et déclare nettement à Bonaparte qu'une fois en possession du commandement il se fait fort de dompter toutes les jalousies et de réduire tout le monde à l'obéissance dans les vingt-quatre heures.

On sait qu'au début de la campagne de Russie, effrayé et irrité de l'impétuosité aveugle de Murat, qui prodiguait et épuisait l'avant-garde de l'armée, il refusa de lui livrer l'infanterie de son corps, en dépit de son titre de roi et de sa parenté avec Napoléon. A Wiasma, Murat, s'élançant, pour l'entraîner, à la tête d'une division de Davout, le maréchal accourt, crie aux siens de demeurer, et proteste énergiquement contre la manœuvre. Murat, le combat achevé, fou d'orgueil et de rage, voulait venger cet affront dans le sang de Davout, tandis que celui-ci, tranquille dans son quartier général, maintenait son opinion et regrettait que l'empereur cédât aux illusions du roi de Naples. L'empereur, arbitre de leurs fréquentes querelles, tout en donnant tort à l'obstination du maréchal, en lui reprochant de vouloir accaparer tous les commandements, lui rendait du moins ce témoignage qu'il le faisait « non par ambition, mais par zèle et pour que tout fût au mieux ».

La faveur, ce mal qui a consumé l'ancienne société française, qui continue, malheureusement, de sévir dans la nouvelle et ne lui permet pas de donner sa mesure d'activité et de talent, est chose qui répugne à l'équité de Davout comme à son zèle pour le service. Entre ses parents, qui lui recommandent un candidat pour tel ou tel grade, et le bien de l'armée, qui en réclame un autre, il a la mauvaise grâce de ne pas hésiter, et il aime mieux causer un peu de peine aux siens que beaucoup de joie à l'ennemi. Sa jeune femme, qu'il adore, ne peut, malgré les plus fines insinuations, l'amener à retarder le départ d'un conscrit pour l'armée; il motive son refus d'un mot qui lui ferme la bouche et la dégoûte pour l'avenir de sollicitations de cette sorte : « Il n'y aurait bientôt plus d'armée française ». Sa mère, qu'il entoure d'un tendre respect, le prie de prendre l'un de ses protégés pour aide de camp : il lui répond qu'il a près de lui des officiers qui l'obligent par la qualité de leurs services à travailler à leur avancement. Elle croit pouvoir le solliciter de nouveau, non plus cette fois pour un étranger, mais pour son second fils, un officier d'ailleurs plein de zèle et de bravoure, mais alors malade et inactif. Remarquez de quel ton sévère il relève cette requête inopportune en faveur d'un frère auquel il est sincèrement attaché :

Il ne faut pas, ma chère mère, avoir de ces idées que rien ne justifie, et vous me connaissez assez pour être persuadée que je ne les partagerai pas lorsqu'elles seront contre mes devoirs ; lorsque vous m'en exprimerez de pareilles, vous m'affligerez en me mettant dans la nécessité de ne pas les seconder et de les improuver.

L'une de ses maximes favorites nous donne le secret de cette rigide impartialité qui va spontanément au-devant du plus digne, et ne laisse aux gens en quête d'emplois que la ressource de les mériter : « Jamais je ne juge les personnages sur ce qui peut m'être relatif, mais sur leurs qualités réelles et leurs services ».

Il est pourtant certaine grâce qu'il accorde volontiers à ceux de son sang, c'est de leur faire la part de périls et de boulets un peu plus large qu'aux autres. Tant pis pour qui ne goûte pas ce genre de privilèges ! Il le renie pour sien, il ne le connaît plus. Dans une lettre datée de Moscou il invite sa femme à fermer sa porte à l'un de ses parents qui, pour une maladie sans gravité, avait jugé bon d'aller se refaire en France et il qualifie de désertion ce congé demandé en face de l'ennemi. Sa bravoure tranquille, égale, souriante (décoiffé à Auerstædt par un boulet, il plaisante fort joliment sur son chapeau mis hors de combat) s'accommode mal des courages médiocres ou intermittents. « Le général P... est plein d'existence », dit-il d'un officier qui, pendant la campagne de Russie, avait très assidûment et très heureusement veillé sur sa propre personne ; « jamais homme ne m'a inspiré plus de mépris ».

Ne lui parlez pas de capitulation forcée, inévitable : il vous répondrait qu'il est toujours facile de mourir en combattant.

« Sachez vous faire tuer dans une semblable occasion », écrit-il au général Couthard qui s'était contenté de défendre Ratisbonne jusqu'à sa dernière cartouche; et, dans un sympathique élan qui échappe à sa nature peu démonstrative, il serre dans ses bras son aide de camp Trobriand, qui avait refusé de mettre sa signature à l'acte de reddition.

Il est lent à donner son estime, mais l'officier qui l'a conquise trouve en lui un patron énergique qui fait de sa cause la sienne et qui n'hésite point à compromettre son propre crédit pour lui rendre un plus éclatant témoignage. En Allemagne, à Bruhl, avisé par dépêche que le plus vaillant de ses divisionnaires, Gudin, était remplacé par le général Puthod, il va droit à ce dernier au milieu d'une assemblée de 300 personnes et d'une voix irritée : « C'est donc vous, Monsieur, qui prétendez remplacer le général Gudin et vous y croyez parvenir ? Plutôt que de laisser ôter à cet héroïque général le commandement des braves divisions qu'il a vingt fois menées à la victoire, je briserais mon bâton de maréchal ». Puthod, innocent de toute intrigue, avait été porté à son insu par des gens qui voulaient moins le servir que nuire au fidèle compagnon de Davout. Davout, mieux informé, lui fit le soir même de publiques excuses, et par cette loyale réparation gagna le cœur de l'offensé. Quant à Gudin, que pouvait-il désormais refuser à un chef qui l'avait défendu en de tels termes ?

III

Jamais commandement ne fut plus inflexible, jamais aussi il ne fut plus prévoyant, plus actif, plus inventif en moyens de maintenir le soldat vigoureux et dispos. Il n'est soin que Davout ne prenne, détail où il ne descende. Le régime, les habitudes du soldat, le vêtement, la chaussure, il a l'œil à tout, il a remède à tout. Au besoin, il sait prendre sur lui les mesures qui préviennent le mal ou l'étouffent en germe avant d'avoir reçu les autorisations officielles qui le trouveraient incurable. Au camp d'Ambleteuse, en 1803, pendant les préparatifs de la descente en Angleterre, les hommes résistent à l'humidité meurtrière du climat, grâce aux sabots que leur a fournis leur général en temps opportun. Persuadé que le climat irait plus vite que l'intendance, Davout n'attendit point les sabots de l'État : il fit une première distribution qu'il paya même de sa poche, parce qu'elle n'était pas régulièrement ordonnancée; sa clairvoyance, cette fois, lui coûta 30 000 francs.

Il annonçait, dès ce temps, le merveilleux organisateur de ce premier corps qui entra en Russie armé, outillé, surtout alimenté avec une vaste prévoyance égale à l'audace de l'aventure : dix jours de vivres dans les sacs, dont il fallait rendre compte chaque soir; quinze jours de vivres dans les convois, et enfin une nourriture toute vivante qui marchait à la suite des troupes, un immense troupeau de bœufs mené par des soldats façonnés au métier de pâtre. Certaine maxime revient souvent dans les lettres du maréchal, une maxime qui fait les armées victorieuses et le sol de la patrie inviolable :

« Une partie de la guerre est dans le ventre du soldat et la tête du chef. »

La tête du chef! Celle de Davout était la meilleure peut-être de la Grande Armée, à la fois bien faite et bien pleine, capable de porter le détail et d'embrasser l'ensemble :

tout s'y amassait, s'y ordonnait, s'y décidait avec une ardeur silencieuse et y restait clos et impénétrable jusqu'à l'heure de l'exécution. Ce n'est pas à lui que l'empereur eut jamais besoin d'écrire comme à Rapp : « Il faut couper votre langue ». La profonde discrétion de Bonaparte, d'autant plus admirable qu'elle devait dompter en lui l'impétuosité naturelle de l'humeur, Davout l'admire avec la satisfaction d'un homme qui en sait le prix, et qui la pratique aisément pour son compte; la confusion des nouvellistes perpétuellement déçus dans leurs conjectures paraît lui causer une joie sensible :

C'est toujours avec un nouveau plaisir que je remarque que personne, même ceux qui sont près de lui, ne sait ce qu'il fera vingt-quatre heures d'avance. Cette bonne habitude importe à notre sûreté, qui dépend de la sienne.

Cette partie tout intellectuelle de l'art de la guerre, la conception du plan, la savante et décisive beauté des manœuvres qui trouble, divise, détruit pour ainsi dire l'ennemi par avance et qui économise des flots de sang par la seule force du génie, en un mot la bataille gagnée dans la tête du chef avant de l'être par la bravoure du soldat, voilà ce qui lui arrache un cri d'enthousiasme et lui fait mettre la campagne d'Austerlitz même au-dessus de celle de Marengo. C'est le connaisseur — tout à l'heure l'émule — qui regarde et qui juge, et le regret généreux qui se mêle à son admiration, la peur d'être réduit à n'avoir plus rien à faire, ajoute à la louange un surcroît de vivacité.

L'année suivante, une autre nation s'écroulait; mais, cette fois, il était de ceux qui portaient les coups, au lieu de les regarder en attendant son heure, et celui qu'il frappait sur la Prusse témoignait de la sûreté et de la vigueur de sa décision autant que de l'intrépidité de son courage : le héros d'Auerstædt faisait plus que balancer la gloire du vainqueur d'Iéna. Si l'on cherche dans sa correspondance les lettres qui se rapportent à cette date fameuse, on est frappé du contraste que présente la fermeté sobre et discrète de son langage avec les vicissitudes terribles de la lutte et l'ardeur héroïque qu'il y déploya. Nulle trace d'exaltation ou d'enivrement; les faits sont racontés avec une simplicité mâle qui achève la sévère beauté de cette grande figure militaire.

Le 14, le roi de Prusse, le duc de Brunswick, les maréchaux Mollendorf, Kalkreuth, enfin tout ce qu'il restait à l'armée prussienne des anciens compagnons de gloire du grand Frédéric avec 80 000 hommes, l'élite de l'armée prussienne, a marché sur moi, qui leur ai évité une partie du chemin. Aussi, dès les sept heures du matin, la bataille a commencé; elle a été très disputée, et très longue et sanglante; mais enfin, malgré l'extrême inégalité des forces (son corps d'armée n'était que de 25 000 hommes), à quatre heures du soir, la bataille était gagnée, presque toute l'artillerie de l'ennemi en notre pouvoir, beaucoup de généraux ennemis tués, parmi lesquels se trouve le duc de Brunswick.

Treize ans plus tard, à la même date, il écrivait à sa femme :

Ta lettre me rappelle une époque bien glorieuse pour les armes françaises : si je n'étais pas très en garde contre la vanité, tout ce que tu m'as dit serait bien propre à l'exciter. Sans ta lettre, cette époque mémorable se serait passée sans que j'y songe.

Pour mieux goûter l'admirable modestie de ce langage, il faut relire les écrits de ces capitaines qui n'avaient pas besoin qu'on ravivât en eux le souvenir de leurs grandes actions militaires, les *Mémoires* de Villars par exemple, ou encore ceux du duc de Raguse, « ce monument élevé à la glorification du maréchal Marmont par lui-même », selon la mordante définition qu'en a donnée M. Cuvillier-Fleury dans l'une de ses éloquentes études sur l'époque impériale[1].

---

1. *Dernières Études historiques et littéraires*, tome II. Calmann Lévy.

IV

Les circonstances émouvantes de cette victoire, qui appartient tout entière à Davout; sa fière attitude entre les carrés d'infanterie, sur lesquels vient se briser l'attaque impétueuse de la cavalerie prussienne; la superbe et laconique harangue qu'il jette d'un visage enflammé à cette poignée de braves; le héros enfin qui s'efface volontairement dans son propre récit, il faut l'aller chercher dans les vivants souvenirs du fidèle témoin de sa vie militaire, du capitaine, depuis général de Trobriand, un type d'officier des plus sympathiques, tout brillant de bravoure, d'entrain, de généreuse franchise, pétulant de gestes, hardi de langage et le cœur plein d'une admiration passionnée pour les hautes qualités de son chef. Il lui a longtemps survécu et l'a fait connaître directement et de vive voix à des générations qui ne pouvaient plus le

rencontrer que dans l'histoire. Merveilleux
effet de l'impression laissée par l'héroïsme
et le génie dans un jour décisif pour l'honneur et la fortune de la France! Un demi-siècle peut passer sur elle sans l'altérer ou
seulement la refroidir. Le 14 octobre 1859
(il n'y a pas si longtemps de cela!), dans la
grande salle du château de Savigny, Trobriand, qui jamais, à moins d'un insurmontable obstacle, n'avait manqué de se réunir
à cette date à la famille de son maréchal,
racontait cette page de notre *Iliade* avec
une verve toute chaude encore des émotions de la bataille, comme si elle eût été
gagnée la veille, et la veuve et la fille de
Davout écoutaient avec une curiosité toujours nouvelle ces choses qui glorifiaient à
la fois leur sang et leur patrie. Reproduisons ce suprême et vibrant écho de la gloire
de nos armes, non certes pour abattre nos
cœurs sous le poids d'une humiliante comparaison, mais pour les retremper au contraire, par delà de récentes et poignantes
tristesses, dans le vivifiant souvenir de ce

qu'a pu oser et accomplir, bien instruite et bien dirigée, la vieille valeur de notre race :

Il faisait chaud, à cette heure, il y a cinquante-trois ans!... Ah! quel homme que Monsieur le maréchal!... Je le vois encore.... En face de l'ennemi, nous représentions ce petit vase en face de ce gros canapé! Nous avions l'air, avec nos 25 000 hommes, de préparer un déjeuner à MM. les Prussiens : ils étaient 80 000 hommes contre nous! Monsieur le maréchal fait former le carré, se place au centre ; puis, d'une voix qui retentissait comme la trompette, le visage illuminé, il s'écrie : « Le grand Frédéric a dit que c'étaient les gros bataillons qui remportaient la victoire.... Il en a menti! Ce sont les plus entêtés! En avant, mes enfants, faites tous comme votre maréchal! » L'armée électrisée, de s'élancer en criant : « Vive le maréchal! » Et le noble entêté a eu raison sur le grand Frédéric.

Cependant Bernadotte était de loisir, à une ou deux lieues de là, avec 25 000 hommes de troupes fraîches, et, sourd aux appels réitérés de son frère d'armes, il laissait ses hommes préparer tranquillement la soupe. La destinée, qui ordonne quelquefois les choses comme un habile poète tragique, semble avoir voulu placer ici le jaloux à côté du généreux pour faire éclater la grandeur de l'un par la bassesse de l'autre. Le récit de Trobriand sur ce point est à la fois plein de verve et de précision, et nous fait entrer dans le vif d'un épisode que la grande histoire ne peut qu'effleurer. Il ressuscite l'attitude, la physionomie, l'accent de chaque personnage ; et la figure la moins attachante n'est pas celle de l'aide de camp narrateur avec l'emportement de sa franchise, la témérité de ses saillies et la plaisante série de ses mésaventures.

« Allez dire à Bernadotte, lui crie Davout du milieu du feu, que je n'ai pas un homme de réserve et qu'il suive mon succès. » — « Retournez dire à votre maréchal, réplique insolemment Bernadotte à ce fier langage, que je suis là et qu'il n'ait pas peur. » Trobriand, à ce mot, sort de son rôle de messager et lâche son cœur dans une énergique boutade : « Sacrebleu ! depuis huit heures du matin jusqu'à quatre que mon maréchal s'est battu comme un lion contre des forces écrasantes, il a assez bien prouvé qu'il n'a pas peur ». La querelle est allumée. Bernadotte, après la bataille, essayera d'étouffer la gloire de Davout, de chicaner sa victoire, de diminuer le chiffre des Prussiens battus : « Votre maréchal, qui n'y voit pas d'ordinaire (Davout était très myope), y a vu double », répond l'empereur prévenu à Trobriand qui lui apporte la nouvelle officielle de la victoire d'Auerstædt.

Le surlendemain, à la première heure, l'aide de camp revient à la charge, sans mission toutefois, mais avec la connivence de Berthier, qui devait plus tard passer dans le camp des envieux. Ici, une scène des plus expressives. Napoléon écoute Trobriand d'une oreille distraite, en pointant une carte et en achevant de s'habiller. Tout à coup la porte s'ouvre : c'est la victime des perfides insinuations de Bernadotte, l'homme de guerre méconnu, amoindri; qui entre ou plutôt se précipite comme un tourbillon. A la vue de Trobriand venu chez l'empereur sans son ordre : « Que faites-vous là, Monsieur, s'écrie-t-il d'une voix vibrante de colère. Mes aides de camp m'appartiennent : descendez m'attendre. » Trobriand sort, mais ne descend pas. « J'aurais payé cher une cachette derrière la tapisserie », disait Saint-Simon à propos d'un important entretien qu'il n'avait pu entendre qu'avec son imagination. Trobriand fait par dévouement à son chef ce qu'eût fait Saint-Simon par passion de moraliste. Il est mis à la porte, il y reste, le plus près qu'il peut, l'oreille collée à la serrure, et il entend en frémissant d'aise l'exorde énergique de Davout : « Si ce misérable Ponte Corvo avait voulu faire déboucher une tête de colonne, j'aurais 10 000 hommes de plus au service de la France ! » Napoléon écoutait, la tête inclinée (l'œil de Trobriand avait remplacé son oreille). L'espion improvisé n'en veut pas savoir davantage et prend sa course en se frottant les mains et en répétant : « Ça marche, ça marche ». Son grand sabre accroche dans l'escalier les jambes d'un jeune officier qui s'étale et l'entraîne avec lui. Reproches mutuels, provocation, léger coup d'épée, puis retour en voiture avec le maréchal, qui le semonce vertement pendant le voyage, et le met aux arrêts à l'arrivée : telle fut la fin de ce conflit pour le brave aide de camp, qui aima mieux se laisser maltraiter que tout envenimer en dévoilant les procédés odieux de Bernadotte. *Ça marchait* pour son maréchal : il se moquait bien du reste !

Rien dans les lettres de Davout ne trahit le maréchal bouillant et indigné que vient de nous peindre Trobriand. La passion peut l'emporter un moment : elle ne le mène pas. Par un effet de sa modération, de sa gravité, de son élévation de caractère, il se maîtrise, il se gouverne, il se possède ; la possession de soi semble être son état naturel. Malheureusement il ne pouvait supprimer sa victoire ou s'engager à n'en pas gagner d'autre, et l'envie continue de croître et de s'irriter autour de lui, sans réussir à jeter le trouble dans son cœur.

Brisons sur ces misères, écrit-il un mois après Auerstædt; je n'exciterai jamais par des jactances l'envie; jamais je ne me citerai, et si malgré cela elle s'exerce sur moi, je la mépriserai.

Davout a une manière d'exprimer ses sentiments toute ferme et tout unie qui porte avec elle la vérité et la persuasion : il parle comme il pense, comme il fait ou fera, et les mots sous sa plume ont la valeur et le poids des choses. Il dit de son succès : « Je m'en serais réjoui de bon cœur, si cela était arrivé à un de mes camarades », et sa magnanimité naturelle est comme transparente à travers la simplicité de son langage.

Il va droit devant lui avec une haute et tranquille dignité, faisant de toute son âme son métier de maréchal, et, soit qu'il exécute la pensée de Napoléon, soit qu'il ne s'inspire que de la sienne, enchaînant les uns aux autres les éclatants faits d'armes.

A Eylau, la bataille, presque perdue au centre, indécise à droite, est gagnée à gauche, où Davout, débouchant à l'heure décisive, arrête et refoule la victoire de l'ennemi. A Thann il attire sur lui et soutient avec une seule division les efforts de l'archiduc Charles, pour permettre au gros de ses troupes d'arriver au rendez-vous d'Abensberg. A Eckmühl, Napoléon s'écrie en le regardant faire : « Voyez ce Davout, il va encore me gagner cette bataille-là ». L'incendie des ponts du Danube lui ravit sa part de la sanglante journée d'Essling, et il se plaint d'être réduit au rôle de « paisible écouteur de batailles ». Wagram a de quoi le consoler : il y emporte la position d'où dépend l'issue de la lutte.

La campagne de 1809 fit Davout prince, un prince qui ne s'était pas uniquement donné la peine de naître. Sa modestie n'en reçoit aucune atteinte; mais, s'il se tait, ses actions parlent, et les officiers associés à sa gloire ne se croient pas obligés d'être modestes pour leur chef. Un certain jour, où il s'avise encore de faire des siennes, Ney rencontre Trobriand portant une dépêche. « Quoi de nouveau ? lui demande-t-il. — Le maréchal vient d'enfoncer l'ennemi. — Ah bah! votre maréchal enfonce toujours tout. — Mais oui, monsieur le maréchal, c'est son habitude »; et l'aide de camp pique des deux sur cette réponse narquoise. Ney, si brillant et si acclamé, ne ressentait qu'un mouvement d'humeur des succès de son compagnon d'armes. Berthier, inégal, déclinant, ne lui pardonnait pas l'opinion qui s'était répandue et accréditée que le vainqueur de Thann et d'Eckmühl avait sauvé l'armée, compromise par les incertitudes du major général. Il le jalousait aussi pour les qualités qu'ils avaient en commun, pour ses incomparables dons d'organisateur et d'administrateur, et il se vengeait en excitant à son égard les dispositions naturellement défiantes et ombrageuses de Napoléon. Les Mémoires de Mme de Rémusat nous ont montré l'empereur inquiet et comme blessé de toute réputation qui n'était pas un reflet de la sienne, cherchant et trouvant avec joie la secrète faiblesse de ceux qui le servaient avec le plus d'éclat, pour les tenir dans une plus étroite dépendance. Davout n'avait pas de faiblesse : il méprisait l'or, les plaisirs, le vain éclat de la gloire. Aucun chef d'armée n'avait les mains plus nettes : il poussait l'intégrité jusqu'à la candeur, jusqu'à payer de ses deniers le vin de Tokay que voulait lui offrir la municipalité de Vienne. Il était timide, presque lâche, pour solliciter l'ombre d'une faveur. Il fuyait par goût autant que par prudence les hommages empressés et bruyants, et dans son gouvernement de Pologne on le vit plus d'une fois gourmander l'accueil enthousiaste des populations et détourner leurs sympathies vers l'empereur. Élevé au faîte des dignités militaires, il n'aspirait qu'aux simples joies du foyer.

Le capitaine, pas plus que l'homme, ne se laissait prendre en faute, et la fortune, qui se joue des plus vigilants, ne se lassait pas de lui sourire comme s'il avait eu, lui aussi, son étoile. Les troupes qu'il organise et discipline sont l'élite de l'armée : il leur souffle son âme et les fait capables de tout oser. Le lieutenant a si bien profité des leçons du maître, qu'il paraît de force à s'en passer, ce qui donne à penser au maître. Le lendemain d'Auerstædt, Napoléon, dans son bulletin, lui décerne les plus vifs éloges, mais il ne parle que d'une victoire, et il y en avait eu deux : il absorbe l'autre — la plus glorieuse — dans la sienne. Au début de la campagne de Russie, à Marienbourg, Davout lui présente le premier corps d'armée pourvu de toutes les ressources que peut accumuler la prévoyance humaine. Napoléon s'étonne et se trouve trop satisfait. La belle occasion pour Berthier d'irriter son orgueil, sa défiance et de réduire Davout à se justifier d'avoir fait plus que son devoir!

Les lettres du maréchal à sa femme sont muettes sur sa violente altercation avec le major général, en présence de l'empereur;

elles ne contiennent qu'une allusion amère, mais rapide, à la haine dont il est l'objet :

Je suis sans nouvelles de toi depuis cinq jours et je n'ai pas eu une occasion pour t'en donner des miennes, depuis mon départ de Marienbourg, où j'ai eu le bonheur de voir l'Empereur ; j'éprouvais ce besoin ; quelques mots de lui me donnent une nouvelle ardeur et me fortifient contre l'envie qui vous poursuit, lorsqu'on ne s'occupe que de ses devoirs et qu'on fait tout pour les remplir.

Quelques mots de lui! c'était peu pour tant d'efforts et contre des attaques si passionnées. Du reste, s'il est dans la nature de l'envie de grandir avec le zèle et le mérite des gens sur lesquels elle s'acharne, Davout va l'irriter de plus belle. L'une des deux armées russes ne lui échappe que parce que l'empereur lui marchande les renforts et que Jérôme refuse de marcher sous ses ordres : Bagration détruit, c'était l'issue de la campagne modifiée, le désastre à tout le moins évité. Davout lui porte, faute de mieux, une cruelle atteinte à Mohilev, où il bat, avec 20 000 Français, 60 000 Russes. Napoléon se contente de lui accuser réception de son rapport, sans y joindre un mot de félicitation. En revanche, quelques semaines plus tard, pour une marche qui ne lui avait pas paru suffisamment ordonnée, il le tance rudement sur l'absence de direction dans le mouvement des troupes. Mais les injustes gourmades de l'empereur, pas plus que les terribles obstacles de cette campagne, n'ébranlent le zèle et l'énergie de Davout, et son rôle et son attitude, du commencement à la fin de l'expédition de Russie, font le plus grand honneur à son caractère, comme il nous sera facile de l'établir en achevant l'étude de sa correspondance.

V

Les lettres écrites par Davout pendant la campagne de Russie contiennent peu de renseignements sur les événements militaires : leur intérêt n'est pas là, mais dans les sentiments qu'elles expriment, dans l'étonnante vigueur morale dont elles témoignent. Au début, il est vrai, elles trahissent quelques inquiétudes, non sur le succès de l'entreprise (le génie de Napoléon rendait tout possible, même aux yeux d'un homme d'un aussi grand sens), mais sur la difficulté de mouvoir une machine aussi compliquée que cette armée immense; il semble trouver lourd son propre commandement. Une fois l'action engagée, ses lettres se remplissent d'une espérance virile, d'un superbe entrain de vaillance. Assurément il est désireux de rassurer sa femme, mais la force d'âme ne se simule pas, et celle que l'on sent ici n'est pas une simple précaution conjugale. Il a foi dans ses vétérans, dans ses anciens divisionnaires : Friant, Morand, Gudin, l'honneur et la force de l'armée, qui, depuis le camp de Boulogne, partagent ses travaux, ses périls, sa gloire, et dont les noms sont restés inséparables du sien. Ils forment à eux quatre une sorte de famille militaire merveilleusement funeste à l'ennemi par l'accord des talents et des cœurs. Un chef se peint par le choix de ses lieutenants, et Davout n'en pouvait choisir de plus vaillants et de plus habiles. Leur généreuse union repose l'esprit des sentiments étroits ou criminels d'un Berthier, d'un Moreau, d'un Bernadotte, et témoigne de la bonté de la nature humaine. Avec quelle joie Davout raconte les exploits de ses divisionnaires, applaudit à leur récompense ; et, quand le glorieux faisceau est pour la première fois entamé, quand Gudin, dans la charge héroïque de Valoutina, reçoit une blessure mortelle, quels touchants adieux entre les deux frères d'armes !

J'ai à te donner, ma chère Aimée, une bien

mauvaise commission : celle de préparer Mme la comtesse Gudin à apprendre le malheur qui vient d'arriver à son bien estimable mari dans un combat où sa division s'est couverte de gloire. Il a eu une cuisse emportée et le gras de l'autre jambe fracassé par un obus qui a éclaté près de lui; il est peu vraisemblable qu'il en revienne. Il a supporté l'amputation avec une fermeté bien rare : je l'ai vu peu d'heures après son malheur, et c'était lui qui cherchait à me consoler. On ne me remue pas facilement le cœur; mais, lorsqu'une fois on m'a inspiré de l'estime et de l'amitié, il est tout de feu : je versais des larmes comme un enfant.

Davout, qui fléchit à la vue des souffrances d'un ami, endure les siennes avec un calme stoïque. A la Moskowa il reçoit deux blessures, l'une à la cuisse, l'autre au bas ventre, et il s'obstine à rester sur le champ de bataille pour le bon exemple. Il estime « qu'un maréchal ne doit le quitter que lorsqu'il n'a plus de tête »; c'est la traduction familière du mot célèbre de Bossuet : « Une âme guerrière est maîtresse du corps qu'elle anime ». Les événements formidables qui se déroulent forment un contraste saisissant avec la tranquille fermeté de celui qui les raconte. Les Russes, dans la bataille de la Moskowa, nous avaient tué ou blessé 30 000 soldats, 37 colonels, 47 généraux. « Un aussi beau fait d'armes, dit simplement Davout, à raison des obstacles, a dû nous coûter, mais notre perte est peu conséquente en raison de celle des Russes. »

Les lettres qu'il écrit au flamboiement de l'incendie de Moscou ne trahissent ni le trouble de l'imagination ni l'hésitation du cœur : il est de ceux qui savent, par la force de la raison et de la volonté, se dégager de l'étreinte des choses ; qui, dans la bonne fortune, prévoient l'épreuve, et, dans la mauvaise, s'attachent à ce qui relève et à ce qui sauve. Ce qu'il veut voir, ce qu'il voit à travers les effroyables ruines de la cité incendiée, c'est l'entrain du soldat qui les remue et qui les fouille, qui en tire des vivres, des vêtements, des trésors de tout genre, et surtout une ample provision d'espérance. Il sourit à ses troupes restaurées, habillées à neuf, et il écrit avec une grâce toute martiale : « Nous serons bientôt aussi beaux que nous l'étions à Hambourg ; pour aussi bons, cela va sans dire ».

Mais voici que ses lettres deviennent rares ou font défaut : les jours terribles sont venus, et Davout n'a guère le loisir de tenir la plume. Il est placé, avec son corps, à l'arrière-garde, pour protéger la retraite ; il lui faut sauver l'armée de sa lamentable confusion ; d'une part, rallier les fuyards et les pousser en avant ; de l'autre, sans cavalerie, sans artillerie, remplissant le rôle de toutes les armes, refouler les assauts incessants des Cosaques, ou bien, coupé de l'armée comme à Wiasma, se frayer un chemin sanglant à travers l'ennemi. Tandis qu'il fait cette héroïque besogne, Napoléon, qui chemine plus à l'aise à l'avant-garde, trouve sa marche trop lente, trop méthodique, et lui fait l'injure de le relever de son poste d'honneur. De Moscou à la Bérézina, la route est semée, pour Davout, de souffrances morales plus intenses que celles qui l'accablent dans son corps, et c'est sous leur poids que le nerf de sa volonté semble un instant sur le point de se briser.

L'homme de l'inflexible discipline a les yeux attristés d'un désordre sans nom ; on blâme les efforts qu'il fait pour l'atténuer, on raille ses plus solides qualités militaires comme inopportunes dans une situation aussi critique. Le chef qu'il aime et qu'il admire, que naguère, porté blessé sur un brancard, il cherchait anxieusement à travers les flammes de Moscou pour l'en arracher ou s'y ensevelir avec lui, ne daigne plus le voir, lui parler, ne s'adresse plus à lui que par des messages amers ou irrités, et, enfin, pour couvrir ses propres erreurs stratégiques, ose l'accuser d'avoir abandonné le maréchal Ney à Krasnoé et de l'avoir exposé seul aux coups de l'ennemi. En faut-il davantage pour expliquer et excuser la courte défaillance que relève en lui le comte de Ségur ? Que Ney, sauvé de la ruine par des miracles de vaillance et de foi, l'éclipsât par ses hauts faits, par sa faveur, par sa popularité, Davout était homme à ne pas jalouser une gloire si bien gagnée; mais qu'on immolât à cette gloire son honneur de soldat, que Ney lui-même, trompé par les apparences et par les propos de Napoléon, doutât de son compagnon d'armes, et ne répondit à sa demande d'explications que par ces seuls mots accompagnés d'un dur regard : « Monsieur, je ne vous reproche rien, Dieu nous voit et nous juge », quelle torture pour un cœur comme le sien ! Et n'est-il pas admirable que la douleur de se voir ainsi méconnu, calomnié, ne lui ait pas arraché une démarche, une parole funeste à la discipline ! Comparez Davout et Murat, et mesurez la distance qui les sépare; entendez-les tous deux dans la scène fameuse de Gumbinnen, l'un se répandant en paroles passionnées et menaçantes contre l'homme auquel il doit son trône, et l'autre s'étonnant d'une telle ingratitude et protestant contre l'exemple de l'indiscipline donné de si haut à ceux qui n'avaient pas besoin de leçons de ce genre.

VI

Les quelques lettres qui portent la date de la retraite de Russie ne laissent apercevoir aucune marque d'affaiblissement physique ou moral. Le 12 novembre, il se félicite de la première nuit qu'il ait passée sous un toit depuis le départ de Moscou. « J'étais fatigué », écrit-il avec une simplicité qui nous semble sublime. Le 12 décembre, jour de la scène de Gumbinnen, un morceau de papier écrit en plein air porte à sa femme son tendre souvenir et de rassurantes nouvelles de sa santé. L'écriture est tremblée, mais ce n'est ni de fatigue ni de faiblesse : « Je te jure par toi que la seule raison en est au froid qu'il fait ». Une circonstance, que cite Ségur, de son arrivée sur le territoire prussien témoigne qu'il n'avait pas laissé en Russie toute sa vigueur de corps et d'âme. Il traversait, lui troisième, une petite ville qui, dans son impatience de voir arriver les Russes, s'irrita de la présence de ces derniers Français ; la population, bruyante, menaçante, environne sa voiture, commence à dételer ses chevaux ; Davout se précipite sur l'un des plus insolents, le saisit, le traîne derrière sa voiture, l'y fait attacher par ses domestiques, et donne l'ordre d'avancer : la foule, stupéfaite de ce trait d'audace, s'ouvre silencieusement devant lui et le laisse partir avec son captif.

La retraite est terminée, le péril déjà loin, lorsqu'il se décide à avouer combien l'épreuve a été rude, et à revendiquer, moins par orgueil que par dignité, sa véritable part dans les communes souffrances : « J'ai fait les quatre cinquièmes de la route de Moscou à pied ;... j'étais sur pied dans la neige quand les soldats dormaient ; nul soldat n'a été plus fatigué que moi. » Bientôt son âme s'ouvre tout entière et découvre la plaie que Napoléon a faite au plus dévoué de ses serviteurs. Un mot lui échappe qui en mesure la profondeur : il se serait détruit, malgré son amour pour les siens, s'il n'avait cru à son âme et à Dieu. Un accent de généreuse tristesse anime ce douloureux ressouvenir :

Ce qui m'a retenu, c'est l'espérance qu'il reste quelque chose de nous : alors, notre souverain appréciera ses amis et ses ennemis. Fasse le ciel qu'il les connaisse bientôt! Peut-être qu'il les connaîtrait déjà, si je n'étais aussi délicat.

Que ne pouvons-nous lire, sur le rôle de Davout dans la campagne de Russie, un Mémoire analogue à celui qu'il a dicté sur sa défense de Hambourg! « Je ne rends des comptes, disait-il non sans quelque fierté, que lorsqu'on me les demande. » Nous possédons du moins, à défaut d'un exposé méthodique et raisonné, une lettre de sa main où, sans se mettre en scène, en s'oubliant lui-même, à son ordinaire, il rend un glorieux témoignage aux chefs et aux soldats de son cher 1er corps. Voici comment il fut amené à cette justification, restée d'ailleurs tout intime. Napoléon, qui ne se faisait point scrupule d'imprimer au *Moniteur* de prétendues lettres de ses lieutenants, dont ceux-ci ignoraient absolument le contenu, en avait publié une, en janvier 1813, signée du commandant du 1ᵉʳ corps. Mais il était plus facile d'emprunter à Davout son nom que son âme et son style; sa femme ne s'y trompa pas et lui signala la phrase suivante, qu'elle répudiait pour son compte comme ajoutée et mensongère : « Une grande quantité de mes hommes s'est éparpillée pour chercher des refuges contre la rigueur du froid, et beaucoup ont été pris ». Davout tressaillit d'aise de se sentir si bien connu de son Aimée, et il éclata contre cette flétrissure gratuitement imprimée à ses compagnons d'armes : c'est ainsi que la fausse lettre nous en a valu une véritable qui mérite d'être citée parce qu'elle atteste la puissance inouïe de l'esprit de corps, de ce nerf des armées qu'on ne remplacera jamais par le nombre et qui doit, au contraire, être d'autant plus tendu que le nombre va croissant. Des

72 000 hommes que Napoléon avait admirés à Marienbourg, il ne reste plus, aux derniers jours de la retraite, qu'un petit groupe d'officiers et de soldats, mais serré, mais compact, où se sont comme ramassées les vertus du corps entier. Il repousse la contagion du désordre ; il s'avance visible, distinct, dans l'universelle débandade, toujours en armes, toujours rangé autour de ses drapeaux, toujours prêt à refouler l'ennemi. Celui-ci l'enveloppe et le décime sans pouvoir lui arracher ses aigles, son honneur, sa foi dans ses chefs, en un mot cette constance qui est l'âme même de Davout, et qu'on sent ici présente et agissante.

La presque totalité a péri par le fer en combattant avec une constance et une intrépidité sans exemple. Jamais un bataillon n'a été repoussé ni enfoncé. Jamais l'ennemi n'a fait abandonner une position auparavant l'instant où elle a dû être quittée, et elle était évacuée sous le feu du canon avec un calme qui eût fait prendre tous ces mouvemens comme des manœuvres d'exercice. Dans toutes les batailles et combats, les corps avaient leurs aigles en présence de l'ennemi, et les corps les ont toutes rapportées; et elles ont toujours servi de ralliement, jusqu'à l'arrivée à Thorn, aux généraux, aux officiers et au petit nombre de soldats qui restaient des nombreux combats que les régimens ont soutenus dans le cours de la campagne; enfin les divisions du 1er corps, qui n'étaient composées que des aigles et des officiers des régimens et d'un petit nombre de soldats, marchaient réunies au milieu des débandés, et la remarque en a été faite plus d'une fois, et cette constance du débris d'un corps d'armée remarquable par son dévouement à l'empereur, son bon esprit et sa discipline en tout lieu, dans les marches, dans les casernes et sur les champs de bataille, a excité l'admiration, et j'ai entendu le vice-roi et bien des généraux faire la remarque que tous ceux qui donnaient un pareil exemple méritaient d'être membres de la Légion d'honneur.

VII

La constance de Davout a sa source non seulement dans la tenace énergie de sa nature, mais aussi, mais surtout dans l'inflexible droiture de sa conscience. Il ne se donne pas seulement par tempérament, par métier, par habitude, mais encore par devoir, et c'est pourquoi il ne se donne jamais à demi. Entendez avec quel accent grave, presque religieux, le défenseur de Hambourg, au moment où vont cesser ses communications avec la France, marque à sa femme la fermeté de sa résolution :

Nos lettres pouvant être interceptées, ne me parle absolument que de ta santé et de celle de nos enfans, et sois sans inquiétude. Ton Louis justifiera la confiance de son souverain; sa conduite sera toujours dictée par l'amour de son devoir, de l'honneur, de son souverain et de sa patrie.

On sait s'il tint parole. Chargé d'une

tâche ingrate à l'heure où ses talents pouvaient rendre d'éclatants services, perdu loin de la France, au milieu d'une population hostile, sans secours, sans nouvelles, avec la perspective de voir l'Europe se retourner contre lui, il n'a pas un instant de défaillance. Hambourg fortifié, approvisionné par son activité prodigieuse, défendu par des conscrits dont il a fait des soldats, reste debout et invulnérable quand la France entière est vaincue et soumise. Hambourg, selon sa vaillante parole, se porte aussi bien que son chef. Le général russe Beningsen lui annonce les faits accomplis, l'inonde de feuilles qui les attestent : Davout ne veut rien savoir, rien apprendre de l'ennemi. On insulte ses avant-postes en se couvrant du drapeau blanc : il tire sur le drapeau blanc et sur les insulteurs. Le Sénat a reconnu Louis XVIII ; l'empereur a signé son abdication : les trois couleurs flottent toujours sur les remparts assiégés. L'état-major russe lui fait parvenir la lettre du gouvernement provisoire qui l'invite à suivre l'exemple de ses frères d'armes : Davout estime qu'une communication de ce genre ne saurait lui venir par une pareille voie et il n'en tient pas compte. Il faut pour convaincre, pour forcer sa patriotique incrédulité, que la princesse d'Eckmühl lui envoie l'un de ses proches parents, et encore déclare-t-il qu'il ne rendra Hambourg que sur l'ordre formel de Louis XVIII. Quand on lit, après le Mémoire de Davout et le journal du siège rédigé par son aide de camp, César de Laville, la navrante histoire du siège et de la reddition de Metz en 1870, on éprouve un sentiment intraduisible d'indignation et de douleur, et l'on demeure confondu de la façon étrangement dissemblable dont deux défenseurs de place revêtus du même grade peuvent entendre leurs devoirs de soldat et de Français.

La passion politique, qui est capable de toutes les lâchetés et de toutes les sottises, récompensa l'héroïsme du défenseur de Hambourg, en lui décernant les épithètes de voleur et de bourreau. Ce voleur avait, au refus des habitants de payer les contributions de guerre et sous la garantie du plus sévère contrôle, saisi les fonds déposés à la banque de Hambourg. Avec ces fonds il avait armé, habillé, nourri les défenseurs de la place, conservé 25 000 hommes à la patrie, et, sur le point de rejoindre sa femme, il lui écrivait : « Je t'arriverai, ma chère Aimée, sans dettes, mais sans un sol ». Ce bourreau n'avait appliqué la loi martiale qu'à quelques embaucheurs ou espions pris sur le fait ; il n'avait touché ni à la vie ni à la liberté d'un seul habitant, et cela au mépris des ordres précis, formels, implacables de Napoléon. Il avait fait plus : il avait protesté contre ces ordres dans un langage que l'empereur n'avait guère coutume d'entendre. La lettre qui contenait cette protestation a malheureusement disparu (elle eût été l'honneur de nos archives) ; mais sa fille affirme en avoir tenu et lu le double, et son souvenir ému en a sauvé les premières et admirables paroles :

Jamais Votre Majesté ne fera de moi un

duc d'Albe! Je briserais plutôt mon bâton de maréchal que d'obéir à des ordres dont l'empereur lui-même serait le premier à regretter l'exécution. La guerre est déjà assez horrible sans y ajouter des cruautés inutiles.

Le Mémoire sur la défense de Hambourg se terminait par ces mots : « Je n'ai jamais recherché ni la fortune, ni les commandements, ne voyant dans les emplois que des devoirs difficiles et souvent pénibles à remplir ». Davout allait, après le retour de Napoléon de l'île d'Elbe, retrouver des devoirs de cette sorte et s'en acquitter avec son abnégation habituelle. Ministre de la guerre à son corps défendant et bientôt, au plus aigu de la crise, commandant en chef des armées de Paris, il soutient dignement ces écrasantes responsabilités ; sa nature droite et ferme domine la confusion et la corruption générales, l'effarement des uns et la duplicité des autres. Le politique ne cherche visiblement à travers les incertitudes et les obscurités de la situation que le bien de la patrie ; le soldat ne se dément pas et, plutôt que de rendre Paris à discrétion, il envisage d'une âme intrépide les chances d'une bataille avec les vainqueurs de Waterloo. Le dernier fait d'armes de notre épopée militaire, le brillant combat de Rocquencourt, est livré par son ordre, et c'est lui qui jette le dernier cri de guerre en face de Fouché ému et presque décontenancé. La fidèle et loyale mémoire d'un membre du bureau de la seconde Chambre, M. Clément, nous a transmis le langage et l'attitude du chef de l'armée de Paris dans la réunion provoquée par Fouché pour décider s'il fallait ou non marcher à à l'ennemi. Sur une allusion blessante faite ses intentions médiocrement belliqueuses, Davout protesta avec feu et se dit prêt à engager immédiatement la bataille. Fouché, qui voulait couvrir sa trahison de l'autorité d'un grand nom militaire, l'ayant sommé, pour l'embarrasser, de déclarer si son assurance était justifiée par la certitude de vaincre, s'attira cette fière réplique du moins présomptueux des hommes : « Oui, Monsieur le président; j'ai une armée de

73000 hommes, pleins de courage et de patriotisme, et je réponds de la victoire et de repousser les deux armées anglaise et prussienne, si je ne suis pas tué dans les deux premières heures ».

Le Davout de 1815 était toujours le Davout d'Auerstædt et de Hambourg, et sa mâle et franche résolution déchirait le réseau de ruses où Fouché s'efforçait de l'envelopper. Il ne reste pas même à ses détracteurs la ressource de ne voir dans sa réplique qu'un tardif réveil de dignité et de courage sous l'aiguillon d'une parole offensante : nous avons la preuve manifeste qu'elle était l'expression d'une décision arrêtée et d'une espérance réfléchie. Il écrivait, la veille de cette réunion, à la chère confidente de son âme :

Nous touchons au moment, je l'espère, de la fin de mes sacrifices. Le sort de notre patrie va être décidé probablement demain. Wellington fait un mouvement et arrivera demain sur les hauteurs de Montrouge. Le corps du général Vandamme y est aujourd'hui ;

je vais le renforcer demain, et j'espère que la plus juste des causes, celle de notre patrie, prévaudra sur l'habileté de Wellington. Adieu, mon Aimée; je t'embrasse de toute mon âme, ainsi que mes enfans.

VIII

Pour faire connaître Davout tout entier, il nous reste à l'étudier sous un aspect plus intime, à surprendre dans ce rude soldat un fils, un frère, un père d'une exquise bonté, et un mari qui ne cesse point d'être amoureux de sa femme en dépit du temps, de la distance et des libres traditions de la vie des camps. Je ne sais, en effet, quelle vertu d'intérieur fait défaut à cet homme, qui n'a jamais le temps de s'asseoir à son foyer : il a de touchantes attentions pour sa vieille nourrice et une sincère affection pour sa belle-mère.

L'accusation de dureté de cœur qui lui a été prodiguée tombe devant la simple lecture de ses lettres : « Lorsque je n'aurai plus de commandement, disait-il, l'expérience apprendra que l'on me plaît facilement. » Sévère aux négligents, impitoyable pour toute velléité d'insubordination, il a surtout à cœur de couper le mal dans sa racine et d'éviter les vastes et sanglantes répressions. Le général Sébastiani le traitait justement de fanfaron de cruauté, et nous le voyons lui-même se féliciter que la crainte inspirée par son nom lui enlève l'occasion de sévir. Cette rigidité professionnelle fond dans ses rapports avec les siens. La plénitude de joie et de reconnaissance, qui déborde dans les lettres de sa mère lorsqu'elle prononce seulement son nom, témoigne qu'il avait quelque droit de lui écrire : « Je disputerai toujours d'attachement à vos autres enfants. » — « Mon amitié pour mon frère ne peut consister en des mots », disait-il en apprenant son mariage, et il lui abandonnait sur l'heure sa part de patrimoine, augmentée d'un don de 100 000 francs.

Il ne connait pas cette pruderie de virilité qui empêche certains hommes d'oser être pères, pas plus qu'il ne cède à ces prétendues bienséances qui compriment l'effusion des sentiments les plus naturels. Il conquiert et gouverne des royaumes et il sourit bonnement à ses enfants à la mamelle. Il sait quelle dent va percer son petit Louis ou sa Joséphine, et, dans la même lettre où il entretient sa femme de l'état des Russes après Eylau et de la prise de Danzig, il lui signale certaine manière de venir en aide à la nature « en enlevant la première peau qu'elle n'a pas la force de percer ». Hume, voulant peindre la gravité de Buffon, disait qu'il avait l'air d'un maréchal de France. Le père de famille chez Davout jette bien loin le bâton que l'illustre naturaliste semblait tenir en place de plume. Il sait avoir l'âge de ses enfants et gagner leur cœur en parlant leur langue : il promet à son fils une bonne partie de tapes, à ses filles un tour de valse qu'il se flatte d'accomplir avec ses jambes de la retraite de Russie, et sa morale tout enjouée, tout à portée, s'incarne dans les malicieux petits noms dont il les gratifie : « Monsieur Tardif, Monsieur Non, Mademoiselle Taquine, Mademoiselle Caractère ».

Mais le sentiment qui domine dans ses lettres, qui les remplit toutes, c'est son amour pour sa femme, qui était sœur du vaillant et infortuné général Leclerc. Ce duc et ce prince des temps nouveaux ne se pique pas de cette parfaite indifférence conjugale qui passait naguère pour un signe de race et de savoir-vivre. Si parfois il lui arrive de tourner d'un air embarrassé autour de l'empereur, savez-vous quelle grâce ce solliciteur un peu naïf brûle d'obtenir? La permission d'assister aux couches de la maréchale. Saint-Simon ne nous dit point que les d'Antin et les La Feuillade aient fatigué Louis XIV de requêtes de cette espèce.

Davout aime sa femme de toute son âme, il l'aime pour le charme de sa beauté, pour la générosité de son cœur, peut-être aussi pour sa sensibilité inquiète et un peu chagrine qui avait besoin de s'appuyer à une nature forte et sereine. Il emporte en tous lieux sa pensée et son image, et les distractions que Napoléon lui attribue sont pure malice de prince pour taquiner la sécurité de la maréchale. Nous retrouvons ici la qualité maîtresse de Davout, la constance, qui a son prix dans un mari comme dans un général en chef. « Amour et fidélité, dit-il, voilà mon mot d'ordre. »

Sous la tente, en marche, sur le champ de bataille, parmi les soins les plus pressants ou les souffrances les plus vives, un chiffon de papier échappé aux neiges de la Russie, une lettre toute souillée qui a traversé les lignes de Hambourg, vient attester à sa femme qu'elle lui est toujours présente. Dans la correspondance entre les deux époux l'avantage nous semble rester au mari, sinon pour la profondeur de l'affection, qui est égale de chaque côté, du moins pour l'expression plus vive, plus variée, plus aimable de cette affection. La nature de la maréchale est grave, recueillie, tout intérieure; sa passion pour son mari a ce caractère : elle porte le deuil de son absence avec une austère tristesse. Les séparations de ce genre ne sont pas d'ordinaire, dans ce gai pays de France, une cause d'incurable mélancolie; on se fait une raison, on s'applique à vaincre sa douleur pour ne pas trop attrister les absents; parfois même on y réussit de telle sorte que les absents souhaiteraient une victoire plus disputée. C'est le contraire qui se passe ici. Davout gronde quelquefois sa femme, mais c'est de son trop de vertu. Il doit lui rappeler qu'elle est jeune, qu'elle est belle, qu'elle sait se parer avec goût. Elle se résigne, sur ses instances, à paraître dans les fêtes de la cour, mais c'est pour y rester comme fixée à sa place, sans danser, sans parler, sans sourire, le regard et la pensée tournés vers l'absent.

Un seul sentiment la dispute à cet amour, c'est la tendresse maternelle, douloureusement aiguisée par la mort de plusieurs enfants; et ce sentiment est si prompt à s'alarmer qu'il la fait parfois hésiter à rejoindre son mari. Celui-ci la désire, l'appelle d'abord à demi-voix, puis d'un ton plus pressant, et il s'attriste de n'être pas entendu. Mais il sait le moyen, et il en use, de triompher de ses hésitations, c'est de lui insinuer qu'elle est moins épouse que mère, et de féliciter ses enfants de l'emporter sur lui : Aimée, atteinte au cœur, ne connait plus d'obstacle et court se jeter dans ses bras.

Une passion charmante anime ces rapides amours goûtées au milieu du tumulte des armes et comme avivées par le souvenir des maux soufferts et la perspective du péril prochain. L'idylle se mêle à l'épopée et se teint de ses couleurs belliqueuses. Davout, mis si longtemps au régime frugal des lettres et des portraits, s'enivre de la vivante beauté de sa femme, car celle-ci n'est plus l'épouse nerveuse, attristée, ennemie de la parure que nous montre la correspondance; l'amour heureux lui communique un éclat de vie et de grâce qu'elle prend plaisir à rehausser de superbes atours. La dignité, qui lui est naturelle, se change en une sorte de fierté radieuse, triomphante et même, à certains moments, un peu altière. Durant la trêve qui précède la campagne d'Autriche, le corps des officiers sollicite l'honneur de la saluer; à l'heure fixée pour la présentation la maréchale n'est pas prête. Davout, tout en l'excusant, ne quitte pas des yeux la porte des appartements intérieurs qui tarde à s'ouvrir. Elle apparaît enfin, revêtue d'une amazone de satin blanc, coiffée d'un casque de velours noir à plumes, portant la tête haute, en femme assurée de n'avoir pas perdu son temps et qui croit avoir le droit d'être belle à son heure. « Vous étiez née pour être princesse », lui écrivait la mère de Davout lorsque la victoire d'Eckmühl l'eut élevée à ce rang. Ce jour-là, la maréchale, qui n'était encore que duchesse, semblait anticiper sur l'avenir, et l'on eût dit qu'elle ne tenait toutes ses grandeurs que d'elle-même. Davout, si amoureux et si ébloui qu'il fût, n'hésita point à lui rappeler que les braves gens qu'elle avait fait si tranquillement attendre y étaient aussi pour quelque chose. Il la conduisit par la main en face des officiers, comme pour la leur présenter, et lui dit d'une voix ferme et haute : « Madame la maréchale, les officiers du corps d'armée que je commande ont bien voulu nous faire l'honneur de demander à vous présenter leurs hommages ;

je vous prie de vous souvenir, dans l'accueil que vous ferez à ces Messieurs, que, si vous êtes maréchale et duchesse, c'est à leur vaillance sur les champs de bataille que vous le devez. »

A Stettin, en 1812, dans la visite qu'elle fait à son mari, à la veille de la campagne de Russie, elle porte encore une toilette demi guerrière, une amazone de satin rose garni de fourrures, et cette ravissante apparition dont le maréchal remplit ses yeux et son cœur laisse comme une trace lumineuse dans sa correspondance. Deux ans plus tard, il y reporte son souvenir avec une émotion pleine de douceur. « Jamais tu n'avais été si belle, si délicieuse. »

Il ne devait la revoir qu'en juillet 1813, après les épreuves que l'on sait. Cette fois, elle lui amena ses deux filles : il les avait bien méritées pour prix de ses souffrances. Vingt jours fortunés se passèrent sur lesquels il dut vivre pendant tout le siège de Hambourg. Le 17 juin 1814, il rentrait sous son toit, qu'il n'avait pas revu depuis quatre ans. « Il était temps qu'il arrivât, écrivait la mère de la maréchale à l'un de ses fils, ma fille n'y tenait plus.... Elle n'avait plus de patience, ne mangeait ni ne dormait, et versait des larmes sans cesse. Tu aurais été bien content, mon ami, si tu t'étais trouvé à l'arrivée de M. le Maréchal. Ses chers petits enfants se sont jetés dans ses bras, et il les serrait contre son cœur les larmes aux yeux. Quel tableau! »

Mme Leclerc a raison : le tableau valait la peine d'être vu et décrit. Qu'on le place à côté du récit de la bataille d'Auerstædt par Trobriand, et l'on a Davout tout entier : je plains ceux qui trouveraient que le père de famille leur gâte le héros.

Ce père, si lointain, à peine entrevu, trouvait le cœur de ses enfants plein de lui : la gardienne du foyer n'avait cessé de le mêler à leur vie, leur commentant ses lettres, leur racontant ses travaux, mettant sa gloire à leur portée. Elle avait fait davantage : elle avait fait passer en eux quelque chose de la raison, de la vaillance, de la loyauté paternelles, et sa joie n'était jamais si vive que lorsqu'elle pouvait envoyer à son mari quelque saillie qui portait sa marque, où il s'entendait parler lui-même. Ce genre d'éducation lui était d'autant plus facile qu'elle s'était depuis longtemps mise à l'unisson de son âme et de sa vie. Aux heures les plus douloureuses de sa carrière, Davout trouve en elle une seconde conscience vivante, éloquente, qui lui répète avec infiniment de force et de douceur tout ce que lui avait déjà dit la sienne. Parmi les dénigrements, les soupçons, les basses jalousies, il a le plaisir délicieux d'être compris, soutenu, glorifié par ce qu'il a de plus cher au monde. A la lettre demi révélatrice sur les déboires dont il a été abreuvé pendant la campagne de Russie, à l'aveu qu'il lui fait des idées de suicide qui ont hanté son cerveau, elle répond par un cri de compassion et d'amour, et offre à son âme désolée l'image souriante de ses quatre enfants. Lorsque, après la chute de l'empire, l'orage se déchaîne contre le défenseur de Hambourg, une exaltation généreuse remplit les consolations qu'elle lui prodigue, et mêle les stoïques accents aux termes de la plus ardente tendresse. Elle s'éprend de la grandeur simple et calme du soldat outragé, le renvoie au jugement de sa conscience et de la postérité, embrasse avec joie sa cause et son sort, et s'écrie dans un élan d'amour magnanime : « Je n'ai jamais été si fière de t'appartenir ».

Ce langage est d'autant plus admirable qu'en ce moment même la maréchale se consumait dans la fièvre et dans les larmes, et que la consolatrice (nous le savons par la lettre de sa mère écrite quatre jours après celle-ci) n'avait jamais eu si grand besoin d'être consolée. L'aveu de son état lui échappe en finissant avec une grâce douloureuse, et peu s'en faut qu'elle ne s'abandonne dans les bras de celui qu'elle soutenait tout à l'heure :

J'ai le plus grand besoin de te serrer dans mes bras. Viens le plus vite possible ; ma santé souffre et ta présence est le remède à tous mes maux ; cette assertion rend toute autre instance superflue. Je t'embrasse de toute mon âme. Toute à toi jusqu'à mon dernier soupir.

Au-dessus des ravissements de la passion sensible, au-dessus même des pures joies de la famille, la divine beauté du mariage apparaît et éclate dans la parfaite et sublime entente des cœurs en face de l'adversité, et c'est là le spectacle que nous offre ce ménage héroïque. Il passe comme un souffle cornélien dans ce dialogue de l'épouse et l'époux, et si la langue n'y a pas la vigueur de celle du poète, elle a du moins l'honneur d'avoir été parlée sur la scène du monde et d'avoir exprimé des sentiments qui se sont traduits en actes.

Davout ne devait pas jouir longtemps du bonheur d'être réuni aux siens, qui avait été sa seule ambition. Il mourut en 1823, âgé de cinquante-trois ans seulement. On s'étonne qu'une vie si pleine ait été si courte, que tant de campagnes, tant de travaux, tant de services et de services si divers aient pu tenir dans un aussi étroit espace de temps. Son caractère de bonne heure grave, réfléchi, tenace, produit aussi l'illusion d'un plus grand nombre d'années. Thiers lui-même semble s'y être trompé; dans sa narration de la campagne de Russie il le qualifie de vieux maréchal, de vieux guerrier blanchi sous les armes : ce vieux maréchal avait quarante-deux ans. Cette jeune maturité, qui associe une prudence consommée à une énergie intacte, est le trait original de sa physionomie militaire, et c'est par là qu'il mérite de faire école chez un peuple qui a failli se perdre pour avoir oublié cette vérité, toujours présente à l'esprit de ses adversaires, que la victoire ne s'improvise pas. La victoire ne fit jamais défaut à Davout parce qu'il y pensa toujours. L'histoire de ses campagnes, lorsqu'elle sera écrite, sera bonne à méditer pour les officiers qui se croient de taille à soutenir ces vastes commandements auxquels est attachée la fortune de la patrie. Puisse-t-elle, en leur apprenant quelles qualités ils exigent, susciter quelque émule à l'homme qui aurait pu, comme Catinat et à meilleur titre encore, obtenir de ses soldats le beau surnom de *Père la Pensée*. La défaillance d'un jour n'est pas la décadence. Davout, en 1806, croyait la Prusse écrasée *pour des siècles*, et, dix ans plus tard, il songeait mélancoliquement à tant de victoires remportées en pure perte. La vanité de son pronostic, plus saisissante et plus amère pour notre génération que pour la sienne, renferme, du moins, cette consolation que rien en ce monde n'est définitif, pas plus, sans doute, Sedan qu'Auerstædt et Iéna.

MADAME DE CUSTINE

MADAME DE CUSTINE[1]

M. Bardoux, fidèle à une tradition longtemps en honneur parmi nous, continue de se partager entre la politique et la littérature et se repose volontiers du labeur parfois ingrat de l'une par les vives jouissances qu'on ne demande jamais vainement à l'autre. Le sénateur a ses heures, et l'écrivain a les siennes. Celui-là apporte dans les discussions qui touchent aux intérêts vitaux du pays son esprit hautement libéral, sa raison nourrie de savoir et d'expérience, et l'éclat de sa chaude et vibrante parole; celui-ci vit par l'étude et la méditation dans

[1]. *Madame de Custine*, par A. Bardoux, Calmann Lévy, 1888.

l'ancienne société française et se hâte d'en fixer les traits caractéristiques, avant que la transformation rapide de nos idées et de nos mœurs ait achevé de les rendre presque invraisemblables.

Dans le vaste et mouvant tableau qu'il développe devant nous, il est une époque, celle du premier empire, qui lui est particulièrement familière, et qu'il ressuscite à nos yeux dans de beaux livres où la finesse des analyses morales s'allie à la riche diversité des peintures. Versé de longue date dans la littérature de cette époque, il en a surtout étudié les œuvres qui ont un caractère intime, ces Mémoires, ces correspondances, ces papiers de famille où la société ne se montre plus sous le voile plus ou moins transparent de la fiction, mais se peint directement elle-même dans ses traits vivants et irrécusables. Il s'est même à tel point pénétré de ce genre d'écrits, qu'il semble avoir émigré de notre temps dans celui qu'il raconte, et s'être réellement mêlé à la vie de ses personnages. Il parle de Joubert comme s'il avait fait plus d'un séjour à Villeneuve-sur-Yonne et savouré sur place ces pensées « dignes d'être écrites sur de la soie ou sur l'airain ». Quand Chateaubriand et Pauline de Beaumont, abrités dans leur doux nid de Savigny-sur-Orge, « s'en allaient aux fontaines de Juvisy par un chemin court et charmant » ou s'aventuraient, vers le soir, à la découverte de quelque promenade nouvelle, M. Bardoux n'était pas bien loin, soyez-en sûrs, et les suivait au moins du regard. Le voici maintenant — son audace croissant avec sa curiosité — qui lit par-dessus l'épaule de Chateaubriand les billets d'amour qu'il adresse à une autre dame, hélas! que celle de Savigny, et qui surprend des paroles vouées à un éternel mystère. Je n'exagère rien, vous en aurez la preuve dans un instant. M. Bardoux a le goût et la divination de l'inédit, et l'inédit ne se dérobe pas trop à sa poursuite, étant sûr d'être mis en œuvre avec art, avec tact et délicatesse. Le fond des cassettes s'ouvre devant lui et du même coup le fond des âmes. Le sang et la vie rentrent dans des ombres qui flottaient vaguement dans les limbes du passé, et leur rendent avec la forme et la couleur le sentiment et la parole. A Pauline de Beaumont succède aujourd'hui Delphine de Custine, et toutes deux ont une grâce passionnée et mélancolique qui leur donne une place à part dans la galerie des femmes françaises.

I

Femme et Française, cela compose un être particulièrement mobile dont les aspects changent avec une rapidité propre à déconcerter l'œil et la main du peintre. M. Bardoux a fixé l'un de ces aspects, l'un des plus saisissants. La vie de Mme de Custine, comme celle de Mme de Beaumont, appartient à deux époques qu'un abîme sépare, à celle qui précède et à celle qui suit la Révolution française. De là, chez l'une et l'autre, la rencontre et le mélange, dans une mesure diverse, de l'esprit de la société qui meurt avec celui de la société naissante. D'abord, une floraison légère d'esprit, de finesse, de grâce brillante et sceptique ; puis, sous les souffles orageux des temps nouveaux, sous les coups terribles de la destinée, il se produit comme un grand émoi du cœur, de l'imagination et des sens ; des sources nouvelles fermentent, prêtes à jaillir. Vienne un homme de génie, né lui-même de la tourmente, qui les sollicite et les évoque, elles s'élancent et la passion revêt une forme nouvelle. La Révolution française et M. de Chateaubriand ont fait la femme telle que M. Bardoux nous la dépeint. Ce rapprochement n'eût probablement pas surpris l'auteur d'*Atala*; mais, n'en déplaise à son orgueil d'outre-tombe, je me réserve de montrer avec M. Bardoux que, pour la part qui lui revient dans cette transformation de la nature féminine, l'effet a été supérieur à la cause, et que, dans ces amours où les Pauline et les Delphine se sont données tout entières, il a porté les curiosités, les fièvres, les ardents et mobiles caprices d'une âme altière et inassouvie, et n'a guère oublié de mettre que son cœur.

Le milieu dans lequel est né et a grandi Delphine a l'aimable légèreté du xviii° siècle, attendrie par l'une de ces liaisons illicites, mais constantes, qui sont presque de la vertu pour ce temps. Sa mère, la comtesse de Sabran, avait épousé — sans que personne songeât à s'en scandaliser — un homme qui avait cinquante ans de plus qu'elle; elle en eut deux enfants, devint naturellement veuve de fort bonne heure, se laissa prendre aux grâces déjà mûrissantes du chevalier de Boufflers, l'adora dix-huit ans entiers comme amant et, après ce long stage, en fit son mari — toujours adoré. — Ce dernier événement s'accomplit à Breslau en 1797. Le chevalier de Boufflers avait été, comme on voit, le beau-père très anticipé de Delphine de Custine, et c'est dans la correspondance qu'il entretint avec Mme de Sabran lorsqu'il se décida à passer au Sénégal pour y conquérir la réputation d'un homme sérieux, que M. Bardoux a pu retrouver quelques traces du premier âge de son héroïne.

Delphine enfant est une jolie petite sauvage que le commerce précoce de la cour et du grand monde a vite fait d'apprivoiser. A seize ans on la marie à un jeune homme de dix-neuf, plein d'honneur et de mérite, Philippe de Custine, dont le père va devenir célèbre à la tête des armées de la Révolution. Ses noces, célébrées en 1787, ont une couleur pastorale qui avait dû manquer à celles de sa mère — vu l'âge du pasteur; — ce ne sont que fêtes champêtres, chœurs de bergers et de bergères, danses au clair de lune, sur les bords d'une onde cristalline, tout un assemblage d'élégances rurales et sentimentales terminées par une visite à la cabane de Philémon et Baucis, un couple rustique choisi et stylé pour la circonstance et qui donne aux jeunes époux l'exemple et la bénédiction de ses vénérables amours; c'est du Florian et du Rameau entremêlés de Greuze; c'est un mariage du plus pur style Louis XVI. L'idylle prenait bien son temps pour s'épanouir en France! Tournez quelques pages du livre et voyez l'état de la bergerie. Custine le père est à la Conciergerie, Custine le fils est à la Force, et Delphine, pour s'être dévouée à leur salut, va être dénoncée, arrêtée et jetée aux Carmes. Les Custine s'étaient obstinés à servir leur patrie déchirée par les factions et, sans regarder derrière eux, n'avaient voulu voir que l'ennemi qui leur faisait face : tous deux recevaient le prix de leur patriotisme.

II

Les amours des jeunes époux n'avaient guère duré, bien que bénies par Baucis et Philémon ; les événements avaient accusé les différences d'idées et de sentiments, les séparations étaient fréquentes. Philippe de Custine, absorbé par ses missions diplomatiques et ses devoirs de soldat, négligeait sa jeune femme ; celle-ci était environnée de nombreux et pressants hommages ; les consolations n'ont manqué, chez nous, aux délaissées à aucune époque de notre histoire, et l'on sait que la vieille France a papillonné jusque sur les degrés sanglants de l'échafaud : le péril des siens vint arracher Delphine à toutes ces séductions.

Elle court au plus menacé, à son beau-père, l'assiste pendant tout le jugement, l'accompagne chaque matin de la prison au Palais, s'assied sur un escabeau, en face du tribunal, et, dans l'intervalle des interrogatoires, lui prodigue les soins les plus tendres. Un tel dévouement exaspère la populace amassée sur les degrés du Palais; un jour, à sa sortie, elle est accueillie par des cris plus haineux et plus féroces, des sabres se lèvent sur sa tête; la moindre marque de défaillance l'eût perdue. Elle aperçoit une femme qui portait un nourrisson, va droit à elle : « Quel joli enfant vous avez là ! — Prenez-le vite », répond la mère, et, protégée par ce précieux fardeau, elle traverse vivante cette bande d'assassins. Son beau-père est condamné à la peine de mort : Delphine lui donne le dernier embrassement et retourne à son mari.

Celui-ci, malgré la sympathie publique qui éclatait en sa faveur, était promis à l'échafaud, comme manifestement coupable du crime de piété filiale : il avait fait afficher une éloquente défense de la conduite militaire et politique de son père. Delphine prépare son évasion avec la complicité de Louise, la fille du concierge de la Force, qui recevra 30 000 francs pour prix de son aide ; il prendra les vêtements de sa femme — son jeune visage avait une grande délicatesse de traits, — elle-même revêtira le costume de Louise, et tous deux, ainsi travestis, sortiront à la tombée du jour. La veille de leur fuite, un décret de la Convention prononce la peine de mort contre toute personne complice d'une évasion. Delphine arrive à l'heure fixée et trouve Louise en pleurs : « Madame, il a lu le journal ». Elle devine le reste, elle entre, elle supplie son mari de consentir à vivre. Louise joint ses prières aux siennes, répond de son propre salut, ne veut plus de la récompense promise. « Nous nous cacherons, nous émigrerons et je travaillerai pour vous ; je ne demande rien, mais laissez-moi faire ! — Nous serons repris et tu mourras ! — Eh bien, si j'y consens, qu'avez-vous à me dire ? — Jamais. » Delphine s'en va désespérée ; elle rencontre M. de Chaumont-Quitry, qui apportait l'or promis. « Tout est perdu, lui dit-elle, il ne veut plus se sauver. — J'en étais sûr », répond l'ami de Philippe.

Les lettres que ce noble jeune homme écrivit un peu avant de mourir — la seconde fut interrompue par l'appel des condamnés — sont si touchantes, d'un accent à la fois si stoïque et si tendre, que j'en veux détacher au moins quelques lignes :

Neuf heures du matin.

Je ne puis mieux commencer ma dernière journée qu'en te parlant des tendres et douloureux sentiments que tu me fais éprouver.... Que vas-tu devenir ? Te laissera-t-on, du moins, ton habitation ? du moins ta chambre ? Tristes pensées, tristes images !

J'ai dormi neuf heures. Pourquoi ta nuit n'a-t-elle pu être aussi calme ? Car c'est ta tendresse, non ta peine qu'il me faut.

J'ai oublié de te dire que je m'étais défendu à peu près seul et seulement pour les gens qui m'aiment.

Quatre heures.

Il faut te quitter. Je t'envoie mes cheveux dans cette lettre.... C'en est fait, ma pauvre Delphine, je t'embrasse pour la dernière fois. Je ne puis pas te voir et si même je le pouvais, je ne le voudrais pas. La séparation serait trop difficile, et ce n'est pas le moment de s'attendrir.

Je ne pense pas avoir jamais fait à dessein de mal à personne. J'ai quelquefois senti le désir vif de faire le bien. Je voudrais en avoir fait davantage, mais je ne sens pas le poids incommode du remords. Pourquoi donc éprouverais-je aucun trouble ?... Apprends à ton fils à bien connaître son père. Que des soins éclairés écartent de lui le vice ! Et quant au malheur, qu'une âme énergique et pure lui donne la force de le supporter !

Et le dernier trait qui achève la beauté de cette âme :

J'ai pardonné au petit nombre de ceux qui ont paru se réjouir de mon arrêt....

Que vous semble de cette façon de penser, de sentir et de mourir ? Nous sommes en train, en ce moment, de prodiguer les hommages et même les statues aux héros de cette époque, mais j'ai grand peur que nous ne nous soyons trompés de grands hommes et que nous ne les ayons pas cherchés du bon côté.

Mme de Custine avait vu son mari pour la dernière fois, aussitôt après l'arrêt de mort.

Elle s'approcha de lui sans cris, l'embrassa en silence et s'assit, les bras autour de son cou. L'entrevue dura trois heures. Peu de paroles furent échangées. Le nom seul de leur fils fut prononcé plusieurs fois.

On souhaiterait presque que l'histoire de Delphine pût se clore sur cette scène et tenir, pour le reste, en moins de quelques lignes, comme celles dont Tacite honorait, sous les empereurs romains, l'attitude de certaines veuves restées fidèles jusqu'à leur dernier souffle à la mémoire de leur généreux époux ; mais nous sommes à Paris, non à Rome : continuons avec M. Bardoux l'histoire de Mme de Custine.

III

Après l'exécution de son mari elle résolut de fuir avec son jeune enfant. Dénoncée par sa femme de chambre, elle fut arrêtée et emprisonnée aux Carmes. Ici nous rencontrons les souvenirs de Mme Elliot que M. Bardoux convainc d'inexactitude sur plusieurs points de fait, mais qui pourtant ne peuvent être entièrement imaginaires. Elle y note la douleur plus vive que tenace de la jeune femme, *mais elle était Française,* ajoute-t-elle avec une austérité d'outre-Manche qui sied mal à l'ancienne maîtresse de Philippe-Égalité. Le général de Beauharnais, également emprisonné aux Carmes, y avait retrouvé sa femme, dont il vivait séparé depuis plusieurs années : tous deux prirent leur parti de ce rapprochement obligé et se sourirent d'assez bonne grâce; mais les attentions de M. de Beauharnais furent surtout pour Mme de Custine. Celle-ci y parut sensible, « sans que les choses, remarque la prude Anglaise, aient dépassé les limites des convenances ».

L'échafaud réclama l'aimable général, Joséphine versa d'abondantes larmes, « mais elle était Française » et ses larmes tarirent. Qui est-ce qui fut inconsolable? Mme de Custine. « Elle n'a jamais souri depuis la mort de Beauharnais. » « En êtes-vous bien sûre? dit M. Bardoux à Mme Elliot; on voit bien que vous n'assistiez pas aux soirées de Fervacques, aux doux entretiens de Delphine et de René. » A quoi Mme Elliot, médiocrement surprise, répondrait sans doute par son dicton favori : « C'est qu'elle était Française ».

Où je trouve surtout la marque de la race chez la prisonnière des Carmes, ce n'est pas seulement dans son goût pour les hommages, c'est aussi dans une grâce ironique et légère qui ne la quitte pas, même au moment où sa tête est en jeu. Le président du tribunal révolutionnaire — cordonnier et bossu — lui présente un soulier trouvé dans la valise avec laquelle elle allait gagner la frontière : « Quel est ton cordonnier? » Elle cite celui qui chaussait toutes les dames de la cour. « Un mauvais patriote, reprend le président jaloux. — Un bon cordonnier », réplique-t-elle avec une douceur à la fois résignée et mutine, que rendaient plus séduisante encore sa jeunesse éclatant à travers son deuil, sa voix argentine, son teint si pur, la magie de ses cheveux d'un blond doré, une tête de Greuze avec la pureté d'un profil grec.

Son ironie se joue jusque dans le croquis de ses juges, qu'elle trace d'une main rapide au cours de l'audience. Le président s'y détachait, debout sur une chaise, montrant le petit soulier accusateur; sa bosse était indiquée d'un crayon discret, finement railleur, à la française, pour parler comme Mme Elliot. Le dessin est aperçu, saisi, et passe de main en main. « La citoyenne t'a vu en beau », dit Gérôme, un des juges, un des moins mauvais, un maître maçon sensible à l'esprit et à la beauté, celui-là même auquel Delphine condamnée à mort va devoir son salut. Fouquier-Tinville entassait les extraits des jugements dans un carton d'où il les tirait successivement pour fournir à la consommation quotidienne de la guillotine. Gérôme avait accès dans le cabinet de l'accusateur public; il en profita pour repousser chaque jour au fond du carton celui de la charmante caricaturiste. Six mois durant, il répéta cette manœuvre où il risquait sa vie, et, enfin, il atteignit le 9 Thermidor : ce jour-là il ne restait plus que trois feuilles dans le carton.

La beauté de Mme de Custine jette un charmant rayon au travers de ces scènes lamentables, et devient à un certain moment presque populaire. Comme sa sortie de prison tardait, une pétition signée d'anciens ouvriers d'une manufacture fondée par le général de Custine est adressée au boucher Legendre, président du bureau chargé de statuer sur les suppliques de ce genre. La pétition, négligée, oubliée, tombe par hasard sous les yeux des jeunes secrétaires du bureau. Ils la lisent, acclament le nom de la belle Custine, « une seconde Roland », jurent de la présenter ce même jour à Legendre. Celui-ci rentre dans la nuit, légèrement pris de vin, signe ce qu'on lui présente, et, à trois heures du matin, cette vive jeunesse court porter à la prison l'ordre d'élargissement.

IV

Delphine écrivait, en 1796 : « Je lis Cicéron, je lis Plutarque. Cicéron est fort aimable, mais il a peu de caractère : il ne sera jamais mon héros. » Elle avait le droit de porter ce fier jugement; son âme fortement et finement trempée avait soutenu le choc d'émotions terribles; mais aux jours héroïques succèdent les jours pénibles, misérables, peut-être plus difficiles à traverser. Toutes ses ressources sont épuisées; il faut vivre de l'argent qu'envoie le fidèle Gérôme, pauvre lui-même, obligé de fuir de cachette en cachette. La maladie vient; *la Reine des roses*, comme l'appelait autrefois le chevalier de Boufflers, a la jaunisse : elle se relève au bout de cinq longs mois, toute languissante. Il faut alors engager d'interminables procès pour ressaisir quelques lambeaux des biens confisqués. Heureusement sa juste cause trouve pour la servir des personnages considérables : Fouché, le ministre de la justice ; Boissy-d'Anglas, le président du Sénat, qui de ses patrons deviennent ses amis. Fouché lié d'amitié avec Mme de Custine ! l'auteur des mitraillades de Lyon avec celle qui était devenue, selon sa propre parole, veuve par le bourreau ! Il fallait, pour opérer de tels rapprochements, les vicissitudes pressées de la Révolution et la peau souple et ductile de certains révolutionnaires. Fouché avait, en effet, renoncé à l'inhumanité, comme n'étant plus de mise, veillait désormais avec tact et modération à la sécurité publique, et obligeait presque autant de gens qu'il en avait tué. M. Bardoux, s'appuyant de documents inédits, a tracé de cet autre Fouché, de sa seconde et de sa troisième manière, un portrait qui est l'une des attrayantes nouveautés de son livre et que je ne puis que signaler en passant.

Delphine a des amis... et des soupirants. Boissy-d'Anglas associe les deux rôles et met dans le second une pointe de mièvrerie. Gérôme, le bon jacobin, tiré de sa retraite par

son ancien compère Fouché, soupire à la
muette, brûle d'un feu tout intérieur et se
contente d'être souffert, quand il n'y a pas
là trop de beau monde. D'autres répondent
au prénom de Maurice ou à l'appellation
familière de Médor. Maurice plairait s'il
n'avait trop de défauts, Médor s'il en avait
davantage et méritait moins son estimable
surnom. Delphine rêve vaguement d'un
mari qui serait à l'unisson de ses idées, de
ses goûts, de son grand besoin de calme et
d'affection. « C'est pour le cœur, le repos
et la vertu qu'il me faut vivre », écrit-elle
à sa mère. Quel rêve et quel vœu à la veille
d'une liaison qui allait faire l'enchantement
et le désespoir de sa vie! Elle n'avait pas
encore suffisamment souffert : il lui restait
à connaître M. de Chateaubriand, qui n'avait
absolument rien de commun avec Médor.

M. Bardoux a le premier mis en pleine
lumière les amours de Chateaubriand et de
Mme de Custine. Sainte-Beuve les avait seulement effleurées et comme à demi cachées
dans l'appendice de son étude sur Chêne-

dollé. Joubert, qui n'a pu les ignorer, n'en dit rien dans sa correspondance; Chateaubriand lui-même n'est guère moins discret dans ses Mémoires. Lorsque le bruit courut qu'il songeait à les écrire, quelques femmes s'émurent. « Ah çà ! lui dit l'une d'elles, j'espère bien que vous n'allez pas souffler mot sur.... » Il la rassura d'un sourire, et, de fait, les *Mémoires d'outre-tombe* fuient le scandale des révélations compromettantes et le ragoût, aujourd'hui si prisé, des libres peintures. Lorsqu'il touche à ce qu'il appelle, avec les pères de la Thébaïde, *ses ascensions de cœur*, son récit garde une grâce noble et chaste, où son superbe moi ne laisse pas d'ailleurs de trouver son compte.

La passion dont Mme de Beaumont est possédée pour lui a l'air d'une flamme épurée qui consume son cœur et sa vie sans embraser ses sens. A Mme de Custine il donne un souvenir d'une suave et harmonieuse tristesse où elle n'aurait regretté peut-être qu'un excès de discrétion respectueuse. Tour idéal de l'imagination, chevalerie mondaine, réserve imposée par l'attitude officielle de défenseur de la religion, par le lien conjugal, par le culte platonique et unique professé pour Mme Récamier : voilà bien des raisons pour expliquer cette sobriété de souvenirs. Mais, pour ce qui regarde Mme de Custine, il y en a une très particulière, dont nous devons à M. Bardoux la piquante surprise, une raison chronologique, si je puis dire. La liasse, qu'il déroule devant nous, des billets adressés par René à Delphine porte sur l'enveloppe un millésime. Savez-vous lequel? Celui de 1803, c'est-à-dire l'année même où Pauline de Beaumont occupait et remplissait, ce semble, tout le cœur de René, où, faisant violence à sa foi politique, il acceptait le poste de secrétaire d'ambassade à Rome pour l'entraîner sur ses pas sous un ciel plus clément à sa poitrine déjà blessée. « Ne mettez jamais de dates, disait un grand seigneur qui devait avoir un médiocre goût pour l'histoire, cela manque d'élégance. » Cela manque plus encore de prudence : il est vrai qu'ici la date n'est pas de la main de Chateaubriand, mais de celle de Delphine; c'est elle qui a rassemblé, classé et numéroté ces billets dans l'ordre de leur croissante flamme. Donnons-nous le plaisir d'étudier cette correspondance qui est, je ne dirai pas le clou, si vous voulez bien, mais la perle de l'ouvrage de M. Bardoux.

V

Sur la liasse des billets qu'elle avait reçus de Chateaubriand, Mme de Custine avait seulement écrit : 1803; guidé par des allusions à des circonstances précises, M. Bardoux les date des mois d'avril et de mai, c'est-à-dire de l'intervalle qui s'écoule entre la nomination de Chateaubriand au poste de secrétaire d'ambassade à Rome et son départ pour l'Italie.

Pauline de Beaumont n'a pas encore quitté Paris pour le Mont-Dore, et déjà Chateaubriand a passé à une autre; déjà aussi elle a commencé ce journal intime où elle exhale toutes les tristesses de son âme. Les pages de ce journal, rapprochées des billets à Mme de Custine, s'éclairent d'une lumière navrante et prennent un accent plus aigu et plus déchirant; c'est la plainte de la délaissée plus encore que de la mourante : l'amour — elle le sent, si elle ne le sait —

l'abandonne en même temps que la vie, et va fleurir ailleurs.

Ma vie passée a été une suite de malheurs, ma vie actuelle est pleine d'agitations et de troubles; le repos de l'âme m'a fui pour jamais. Ma mort serait un chagrin momentané pour quelques-uns, un bien pour d'autres et pour moi le plus grand des biens.... Ce 21 floréal (20 mai), anniversaire de la mort de ma mère et de mon frère (tous deux avaient péri sur l'échafaud le même jour) :

Je péris la dernière et la plus misérable

Oh! pourquoi n'ai-je pas le courage de mourir? Cette maladie, que j'avais presque la faiblesse de craindre, s'est arrêtée, et peut-être suis-je condamnée à vivre longtemps : il me semble cependant que je mourrais avec joie :

Mes jours ne valent pas qu'il m'en coûte un soupir.

Elle voudrait s'aveugler et désespère de ne le pouvoir pas.

Ce défaut absolu d'illusion fait mon malheur de mille manières. Je me juge comme un indifférent pourrait me juger et je vois mes amis tels qu'ils sont.

Au moment même où elle pleure amèrement tout ce qui lui échappe, René se livre au trouble délicieux d'une passion naissante ; il a les ardeurs, les timidités, les craintives espérances du désir encore ajourné. (Billets n°s 1 et 2.)

Je serai demain chez vous à deux heures, n'oubliez pas votre promesse pour lundi. Comment haïrais-je l'avenir puisqu'il me ramènera près de vous ?

Jugez de ma peine, je ne pourrai pas vous recevoir aujourd'hui. Ne serez-vous pas trop fâchée de me voir chez vous à deux heures ? Je crains de vous importuner, vous m'avez traité si mal que je suis tenté de vous appeler madame.

Le secrétaire d'ambassade reçoit l'ordre de rejoindre son poste ; l'amoureux n'entend plus ; sa tête est en feu, sa plume a la fièvre :

Vous ne pouvez pas concevoir ce que je souffre depuis hier ; on voulait me faire partir aujourd'hui. J'ai obtenu, par faveur spéciale, qu'on m'accorderait au moins jusqu'à mercredi. Je suis, je vous assure, à moitié fou, et je crois que je finirai par donner ma démission. L'idée de vous quitter me tue. Je ne pourrai, pour comble de malheur, vous voir avant deux heures cet après-midi. Au nom du ciel, ne partez pas. Que je vous voie au moins encore une fois! Êtes-vous malade?

Delphine ne partit pas et l'alla voir dans sa chambre d'hôtel. Voici le billet qu'il lui écrit le lendemain, dès l'aube; l'amour triomphant colore tout ce qui l'entoure d'une lumière charmante. Le vieux Paris, ses toits, son ciel s'illuminent et resplendissent comme un paysage d'Orient :

Si vous saviez comme je suis heureux et malheureux depuis hier, vous auriez pitié de moi. Il est cinq heures du matin. Je suis seul dans ma cellule. Ma fenêtre est ouverte sur les jardins qui sont si frais, et je vois l'or d'un beau soleil levant qui s'annonce au-dessus du quartier que vous habitez.... Écrivez-moi, que je voie au moins quelque chose qui vienne de vous! Adieu, adieu, jusqu'à demain.

Si quelque rendez-vous promis est différé,

il entremêle à la grâce câline des reproches les ombres d'une rêveuse tristesse; sa mobile et souple imagination se joue autour de l'âme enivrée de Delphine :

Encore un jour sans vous voir! Vous allez le passer bien tranquillement. Vous allez peindre, caresser *Trim* et oublier qu'il y a dans le monde des personnes qui vous aiment.

Comment êtes-vous, ce matin? Ma cellule est bien triste : un vilain soleil sous les nuages, une bise froide, une chambre dépouillée de ses meubles et qui annonce déjà l'absence! *Mais une sainte apparition qui m'a visité dans ma demeure* m'a rendu l'éloignement insupportable....

Sainte apparition? Cela sent, un peu hors de propos, ne trouvez-vous pas? son Génie du christianisme.

René serait ravi de voir sa sainte apparaître dans un lieu plus noble, plus digne d'elle et de lui. Le château de Fervacques, recouvré après la Révolution par Mme de Custine, avait eu l'honneur de recevoir le plus galant des rois de France : un magnifique lit de chêne à quatre colonnes, orné de rideaux d'or et d'argent brochés, était conservé dans la chambre dite de Henri IV, et sous le portrait de ce prince étaient inscrits deux vers assez médiocres qu'on disait composés par lui :

Volons, ventre-saint-gris ! La dame de Fervacques
Mérite du retour et de vives attaques.

Chateaubriand, hanté de ce souvenir, s'écrie : « Ah ! promettez-moi le château d'Henri IV ! » et plus loin : « Songez, je vous prie, au château d'Henri IV ! » Il faut à sa fantaisie amoureuse la richesse du cadre et de la bordure ; il y faut le vivant souvenir et comme l'illusion de royales amours. Désir altier de grand seigneur, caprice voluptueux d'artiste, je vous trouve en ces billets charmants ; mais j'y cherche en vain un mot qui parte du cœur et qui trahisse le don de soi-même.

Un vœu plus singulier me frappe dans le billet n° 5 : « Promettez-moi de venir à Rome ! » A-t-il oublié qu'il y a donné rendez-vous à Mme de Beaumont, qu'il ne s'est fait secrétaire d'ambassade que pour la résoudre à passer les Alpes? « Je me sacrifiai, écrit-il dans ses Mémoires, à l'espoir de la sauver. Le climat de l'Italie lui serait, disait-on, favorable.... » Le climat de l'Italie peut-être, mais la présence de Mme de Custine? Je lis à la suite des paroles que je viens de citer une phrase plus stupéfiante encore : « Mme de Chateaubriand se prépara à me venir rejoindre... ». Et de trois! Vraiment il choisissait bien son temps et sa compagnie pour se réconcilier avec sa femme après dix ans de séparation!

VI

« L'idée de vous quitter me tue », lisions-nous tout à l'heure dans le billet n° 5. Voulez-vous voir le mourant ressusciter à vue d'œil? Prenez la lettre où il raconte à Joubert et à Chênedollé son voyage de Paris à Lyon : elle est pleine de mouvement, d'entrain, de verve descriptive, surtout à partir de Melun — c'est à Melun que sa douleur expire. — Le printemps y chante avec le coucou, la caille et le rossignol; le paysage s'y reflète avec ses coteaux qui baignent dans l'Yonne, ses villages épars, ses lointains de forêts; les Bourguignons — et les Bourguignonnes — y défilent avec l'élégance de leur taille, la grâce de leur démarche, la délicatesse de leurs traits, « je ne sais quoi de leur vin semble couler dans leurs veines »; c'est là qu'est « le berceau de la nation, la source du sang français... ». Sa verve va croissant jusqu'à Rome, où elle semble déborder. « Il m'adresse des lettres extravagantes de gaieté », écrit Mme de Beaumont qui s'est traînée jusqu'au Mont-Dore. Elle les lit et continue le journal commencé à Paris : son amour y combat avec sa fierté ; elle brûle du désir de la mort ; elle la hâterait de ses propres mains, si elle ne craignait « de donner la mesure de ses souffrances ». Reste du moins le silence et l'oubli d'une retraite ignorée de tous :

Je me supplie en pleurant de prendre un parti aussi rigoureux qu'indispensable.... Où me cacher ? Quel tombeau choisir ? Comment empêcher l'espérance d'y pénétrer ? Quelle puissance en murera la porte ?... M'éloigner en silence, me laisser oublier, m'ensevelir pour jamais, tel est le devoir qui m'est imposé et que j'espère avoir le courage d'accomplir.

L'amour l'emporte et la pousse vers Rome avec une puissance invincible ; elle se croit assez de force pour y atteindre : « Ces eaux ont été chercher de la vie je ne sais où » ; elle y arrive pour y mourir d'une mort consolée par toutes les douceurs, toutes les délicatesses, toutes les grâces du génie ému, attendri de Chateaubriand, qu'elle finit par prendre pour de l'amour vrai, et peu s'en faut que Chateaubriand, à force d'entrer dans son rôle, ne partage son illusion :

Je m'aperçus que Mme de Beaumont ne s'était doutée qu'à son dernier soupir de l'attachement véritable que j'avais pour elle; elle ne cessait d'en marquer sa surprise et elle semblait mourir désespérée et ravie. Elle avait cru qu'elle m'était à charge, et elle avait désiré s'en aller, pour me débarrasser d'elle.

Il adresse à Joubert, qui avait aimé Pauline de la plus pure et de la plus entière affection, un récit de ses derniers jours, un récit plus simple et encore plus touchant que celui des Mémoires. « Rien n'est plus propre, écrit Joubert, à faire couler les larmes! On adore ce bon garçon en le lisant. » En le lisant! la louange, avec un peu de bonne volonté, se pourrait tourner en épigramme.

Ce récit, qui court de main en main, émeut les plus belles âmes et les esprits les plus délicats, Chênedollé, Fontanes, Necker et sa fille : celle-ci lui écrit dans son enthousiasme : « Mon cher Francis, donnez-moi une place dans votre vie; je vous admire, je vous aime, j'aime celle que vous regrettez.... Que dans votre récit il y a de mots déchirants! Adieu tendrement, douloureusement adieu! » Sa façon de pleurer les morts lui gagnait tous les vivants; il recueille, il savoure tous ces témoignages d'admiration, et, dans l'épanouissement ingénu de son amour-propre, il lui échappe de dire : « Mme de Beaumont eût été bien heureuse en ce moment, si le ciel lui eût permis de ressusciter ». Heureuse de quoi? d'être morte apparemment, ce qui était l'unique raison et la condition indispensable de son bonheur.

Delphine vit encore et c'est son tour de souffrir et de connaître les maux qu'une autre endura par elle. Les lettres que Chateaubriand lui adresse, après son retour de Rome, n'ont plus la grâce enflammée des billets de 1803. Il y en a de dures et quelquefois de cruelles; il y en a de charmantes, écrites au retour de Fervacques — était-ce la chambre de Henri IV qui agissait? — Delphine répond à ces dernières avec une tendre humilité; elle en est aux remerciements, à la reconnaissance! Quel renversement des rôles et quelle lumière jetée sur la rapide transformation de l'homme en demi-dieu! Un jour, à Fervacques, ouvrant tout son cœur à un ami sûr, à Chênedollé sans doute : « Voilà, lui disait-elle, le cabinet où je le recevais. — C'est ici qu'il a été à vos genoux! — C'était peut-être moi qui étais aux siens. »

Mme de Custine n'a pas écrit de journal, comme Mme de Beaumont; c'est dans ses lettres, particulièrement celles à Chênedollé, qu'elle laisse entrevoir l'état de son âme et l'intensité de ses souffrances entremêlées de courtes et chétives joies. Chateaubriand n'écrit et ne vient plus guère; comme on n'est pas gâtée, on se contente de peu; on lui sait gré d'un sourire, d'une légère attention, et le bonheur consiste maintenant à moins souffrir. « Il n'est pas parfait, mais il est mieux ; je ne suis pas heureuse, mais je suis un peu moins malheureuse ! »

C'est une clairvoyante, elle aussi, comme Pauline ; elle connait bien celui qu'elle adore et, le connaissant, elle continue de l'adorer. « Il prend part à vos douleurs, écrit-elle à Chênedollé, et lorsqu'il parle de vous on serait tenté de lui croire un bon cœur. » On l'adorait en le lisant, disait Joubert, — en l'entendant, dit Mme de Custine.

La passion qui bout dans son sein, longtemps discrète et voilée de pudeur, finit par éclater avec une familière et violente énergie d'expression.

Notre ami dit qu'il passera six semaines à Fervacques, mais je ne suis pas femme à croire à *ces choses-là* ; je l'aime plus que jamais, et je suis plus malheureuse que je ne peux dire.

Après de telles paroles on lit avec moins de surprise cette note trouvée dans les papiers de Chênedollé :

Un jour, revenant d'une promenade en

calèche où il avait été assez maussade pour elle, elle aperçut un fusil avec lequel nous avions chassé le matin; elle fut saisie d'un mouvement de joie et de fureur et fut près de s'envoyer la balle au travers du cœur.

VII

Maussade ou non, elle tremble toujours de le voir s'éloigner. Elle écrit à Chênedollé, en juillet 1805 :

Je suis fière aujourd'hui et, si vous étiez ici, vous me trouveriez impertinente, comme vous dites quelquefois. A tout cela vous devriez deviner qu'il n'y a plus de voyage en Suisse et qu'au lieu de cela il est ici depuis hier....

Ce voyage en Suisse, si redouté, n'en eut pas moins lieu, mais en louable et rassurante compagnie, celle de Mme de Chateaubriand, qui avait enfin ressaisi son errant et oublieux époux : un bien singulièrement précaire ! Le joug d'une compagne obligatoire, si spirituelle et si dévouée qu'elle fût, allait vite peser à la libre humeur de René. Mme de Chateaubriand, d'ailleurs, malgré son admirable tolérance conjugale, avait sa façon de penser, de parler, et même, à l'occasion, sa façon de griffer : on l'appelait la chatte maligne. « C'est aussi une tête que celle-là, écrit son mari, cette fois avec une bonhomie charmante, et, depuis qu'elle est avec moi, je me trouve à la tête de deux têtes très difficiles à gouverner. » En 1805 il fit avec ses deux têtes une courte excursion en Suisse. En 1806 il n'emmena que la sienne, et pour cause. Ah! l'étrange voyage que celui-là et quelle variété de sentiments il excite! Mme de Chateaubriand gémit sur son second veuvage, Mme de Custine a l'âme déchirée; tout le séminaire de Saint-Sulpice est en prières, et le noble pèlerin, dont le retour est protégé et hâté par des vœux si pressants et si divers, a le ferme dessein — une fois sa provision faite de belles couleurs et impressions religieuses — de revenir de la Palestine par l'Espagne et Grenade, le plus long évidemment, et rêve moins aux rives du Jourdain qu'aux ruines de l'Alhambra, où l'attend un tendre et poétique rendez-vous. Il venait, paraît-il, d'être repris par ses *ascen-*

sions de cœur; « des formes aériennes lui prenaient la main », et voilà comment il rapporta de son pèlerinage deux poèmes au lieu d'un, *les Martyrs* et *le Dernier des Abencerages*, Cymodocée et Blanca, Blanca de son vrai nom duchesse de Mouchy. « Aben-Hamet écrivit, au clair de la lune, le nom de Blanca sur le marbre de la salle des Deux-Sœurs; il traça ce nom en caractères arabes, afin que le voyageur eût un mystère de plus à deviner dans ce palais de mystère.... » On assurait il y a quelques années, écrivait Sainte-Beuve en 1849, que les noms des deux pèlerins s'y lisaient encore, mais en caractères qui n'avaient rien d'arabe.

Écoutons-le lui-même, expliquant le mystère de Grenade :

Ai-je tout dit dans *l'Itinéraire*?... Allais-je au tombeau du Christ dans les dispositions du repentir? Une seule pensée m'absorbait : je comptais avec impatience les moments. Du bord de mon navire, les regards attachés sur l'étoile du soir, je lui demandais des vents pour cingler plus vite, de la gloire pour me faire aimer. J'espérais en trouver à Sparte, à Memphis, à Carthage et l'apporter à l'Alhambra. Comme le cœur me battait en abordant les côtes de l'Espagne ! Avait-on gardé mon souvenir, ainsi que j'avais traversé mes épreuves ?

Quel mélange — j'ai failli dire quel salmigondis d'impressions et d'images disparates ! — Que l'on est loin de la franchise d'âme et de ton de notre grand siècle classique, et comme Chateaubriand est bien le père intellectuel de cet âge ondoyant où règne la confusion des sentiments et des langues !

Après son retour des lieux saints, par l'Alhambra, Mme de Custine ne tient plus dans sa vie qu'une place de plus en plus mince ; il ne se souvient guère d'elle que lorsqu'il est inquiet, éprouvé, malheureux. Il écrit la phrase fameuse : « Néron prospère et Tacite est déjà né dans l'empire ». La foudre gronde et va frapper l'audacieux : Delphine voit Fouché, qui voit Jupiter, et celui-ci se contente de grêler sur le Mercure.

Les *Martyrs* sont livrés aux griffes des censeurs; l'auteur est sur des charbons ardents; nouvelle intervention de son amie : les *Martyrs* sortent intacts de l'épreuve. En 1809 son cousin Armand de Chateaubriand est condamné à mort pour intrigues et menées royalistes; il veut, n'ayant pu le sauver, l'embrasser une dernière fois; il court au champ d'exécution, il n'y trouve plus qu'un corps fracassé, dont un chien de boucher léchait le sang et la cervelle; en cet instant atroce, c'est auprès de Delphine qu'il se réfugie : « J'arrive de la plaine de Grenelle. Tout est fini. Je vous verrai dans un moment. »

En 1811 elle part pour l'Italie, attirée par la mélancolie de la Ville Éternelle et le désir d'errer parmi les lieux que René lui avait décrits avec tant de charme en des jours meilleurs. « Qui sait, dit M. Bardoux, si elle n'alla pas prier sur la tombe de Mme de Beaumont? »

VIII

Lorsqu'elle revint à Paris, Chateaubriand ne quittait plus le salon de la duchesse de Duras, la fille du comte de Kersaint — ce généreux conventionnel qui avait dû la mort à la véhémence de sa protestation contre la condamnation de Louis XVI, — encore une femme des temps nouveaux, dont M. Bardoux nous doit l'histoire, qui cache sous des grâces discrètes une ardente flamme intérieure, rêve d'un idéal où la profondeur du sentiment s'allie aux plus beaux dons de l'intelligence, et se figure l'avoir rencontré dans le créateur de tant de poétiques figures.

Delphine tâche de se résigner, se console comme elle peut par les lettres, les arts, les voyages, les nobles et délicates amitiés. Elle entr'ouvre son salon aux talents consacrés ou naissants; elle se lie intimement avec la célèbre Rachel Liévin, cette juive de Berlin qui gardait à Gœthe un culte passionné; elle s'attarde volontiers aux Roches, la campagne des Berlin, plus goûtée encore pour ses grâces hospitalières que pour sa ravissante situation dans la vallée de la Bièvre. Mais le monde, dans ce qu'il a de plus élevé et de plus attrayant, ne peut dissiper sa tristesse; elle ne se plaît guère que dans la paix et la verdure de Fervacques.

J'aime encore les arbres. Le Ciel a eu pitié de moi en me laissant au moins ce goût. Je fais à tout la meilleure mine que je peux, mais je ne peux pas grand'chose, parce que je souffre dans le fond de mon âme. »

Sa beauté s'efface trop lentement à son gré puisqu'elle ne peut plus lutter et vaincre, et, songeant à l'âge indécis et ingrat qu'elle traverse, elle écrit mélancoliquement : « On est si longtemps à n'être plus jeune, sans être vieille, que c'est là ce qu'il y a de plus pénible ».

De Chateaubriand elle prend ce qu'il daigne lui abandonner, quelques bribes de sa pensée et de son temps; sa dignité atteinte reste impuissante à rompre la secrète attache :

Je ne sais si je dois vous dire que je suis arrivée à Fervacques et que j'ai envie de vous voir; peut-être êtes-vous pour les présents aussi maussade que pour les absents. Mon fils ira vous voir dimanche avec tout le monde; mais moi, quand vous verrai-je?

C'est le temps où la duchesse de Duras commence elle-même à être négligée — l'astre de Juliette s'est levé à l'horizon — et vient grossir le chœur des délaissées :

M. de Chateaubriand, écrivait-elle, ne gâte point ses amis; j'ai peur qu'il ne soit un peu gâté lui-même par leur dévouement. Il ne répond jamais rien à ce qu'on lui écrit et je ne suis pas sûre qu'il le lise.

Les grandeurs politiques s'ajoutent aux grandeurs littéraires : il est nommé ambassadeur à Londres et annonce son départ à Delphine par une lettre de six lignes. De Londres, plus rien : il est occupé à souffler sur les cendres de ses amours de jeune émigré avec la fille du pasteur Yves, devenue lady Sulton. Rien non plus de Vérone, où il a enfin l'honneur, qu'il avait si ardemment ambitionné, de négocier avec des rois. Plus heureuse Juliette en sa retraite de l'Abbaye-aux-Bois :

Il y a trois mois que je vous ai quittée : ces trois mois m'ont vieilli de trois siècles.

Le plénipotentiaire de Vérone devient ministre des affaires étrangères et ne met même plus de sa main la souscription des rares billets qu'il adresse à Delphine. Sans doute il succombe sous le poids des affaires. Prenez, je vous prie, *les Souvenirs et la Correspondance de Mme Récamier*, feuilletez à cette date ce livre écrit avec une exquise délicatesse par sa fille adoptive, Mme Lenormand, et voyez ce que pèsent les soucis de l'homme d'État quand il songe à Juliette :

Demain, dût l'Europe aller au fond de l'eau, je vous verrai. A vous, à vous....

C'est court, mais expressif. Il a pourtant parfois avec Delphine une brièveté, moins passionnée sans doute, mais bien caressante encore :

Le temps qui console de tout ne me console pas de vous quitter; vous verrez qu'on ne me fuit pas en vain et qu'on me retrouve toujours.

René n'est pas naturellement cruel; il ne demande pas mieux que de se laisser adorer, pourvu que cela ne lui donne pas trop de peine. Lorsqu'il ne lui en coûte qu'un mot pour adoucir un excès de souffrances, pour retenir qui semble se détourner, il laisse volontiers la goutte de baume tomber de sa plume. Il y a de tout dans cette compassion-là, de la grâce, de la coquetterie et je crois même un peu d'humanité. Delphine lui demande son aide pour élever son fils à la pairie; il promet et oublie sa promesse : « Allons, lui écrit-elle, il n'y faut plus penser ». Mais lui : « Allons, dites-vous, et c'est tout. J'irai vous voir. »

Ces billets, que nous donne M. Bardoux, sont d'une très piquante lecture ; ils sont pleins d'heureux laconismes, des laconismes de Paris bien supérieurs à ceux de Sparte ; on y trouve les tours, les tons, les imperceptibles nuances d'une conversation mondaine faite à demi-voix dans un coin de salon ; l'ancien petit sauvage de Saint-Malo y paraît avec une grâce fine et rapide joliment greffée sur le luxe de l'imagination primitive.

Il va le mardi chez Delphine ; il y retourne le samedi et vole ce jour-là deux grandes heures aux affaires étrangères.

Samedi, à six heures précises, le dîner ; je suis obligé de vous quitter à huit heures et demie. Nous causerons de tout comme à Fervacques.

« *Comme à Fervacques*! Il se faisait tout pardonner avec ces mots-là. » La réflexion est de M. Bardoux, qui connaît à fond tous les manèges et tous les jeux de son Chateaubriand.

Ce n'étaient que des mots, si délicieux qu'ils fussent. Il adorait ailleurs et d'une adoration tellement enflammée que le charmant et pur objet de son culte crut prudent de s'enfuir à Rome pour laisser tomber cette tempête amoureuse, une tempête âgée de cinquante-six ans; mais la beauté de Juliette avait, on l'a dit, un couchant splendide, et Chateaubriand, écrivain de génie et ministre par-dessus le marché, avait cru trop vite à d'irrésistibles grâces d'état.

Cependant les forces de Delphine déclinaient visiblement; les médecins lui conseillaient l'air vivifiant des montagnes; elle partit pour la Suisse, secrètement attirée par le voisinage de Chateaubriand, alors à Lausanne. Elle lui dit en passant un adieu qu'il a immortalisé de sa plume d'or :

J'ai vu celle qui affronta l'échafaud d'un si grand courage, je l'ai vue plus blanche qu'une Parque, vêtue de noir, la taille amincie par la mort, la tête ornée de sa seule chevelure de soie, je l'ai vue me sourire de ses lèvres pâles, et de ses belles dents, lorsqu'elle quittait Secherons, près Genève, pour expirer à Bex, à l'entrée du Valais; j'ai entendu son cercueil passer la nuit dans les rues solitaires de Lausanne pour aller prendre sa place éternelle à Fervacques.

Il semble, à regarder ce portrait, que la beauté de la femme ait elle-même changé de caractère d'un siècle à l'autre, et que la passion qui la consume lui donne une douloureuse et pénétrante suavité d'expression.

Joubert comparait Mme de Beaumont à l'une de ces figures d'Herculanum « qui coulent sans bruit dans les airs, à peine enveloppées d'un corps ». Chateaubriand achève l'image esquissée par Joubert :

Son visage était aminci et pâle; ses yeux, coupés en amande, auraient peut-être jeté trop d'éclat si une suavité extraordinaire n'eût à demi éteint son regard en le faisant briller languissamment comme un rayon de lumière s'adoucit en traversant le cristal.

Les voilà toutes les deux, telles qu'il les a vues, telles qu'il les a faites, et le peintre était merveilleusement trouvé pour fixer l'œuvre de l'amant!

Mme de Beaumont et Mme de Custine avaient eu le tort de croire à la réalité et à la durée de leur rêve d'amour; René savait mieux ce que valait ce rêve, lui qui en savourait avec une voluptueuse mélancolie la douceur éphémère, lui qui, de son propre aveu, « ne s'est jamais soucié de rien excepté des songes, à la condition qu'ils ne durent qu'une nuit ».

FIN.

TABLE

Avant-Propos.............................	1
Lucien Bonaparte........................	3
Mémoires de Mme de Rémusat................	67
Lettres de Mme de Rémusat.................	133
Mémoires de Metternich....................	165
Le Maréchal Davout.......................	221
Mme de Custine...........................	291

16245. — PARIS, IMPRIMERIE A. LAHURE,
rue de Fleurus, 9.

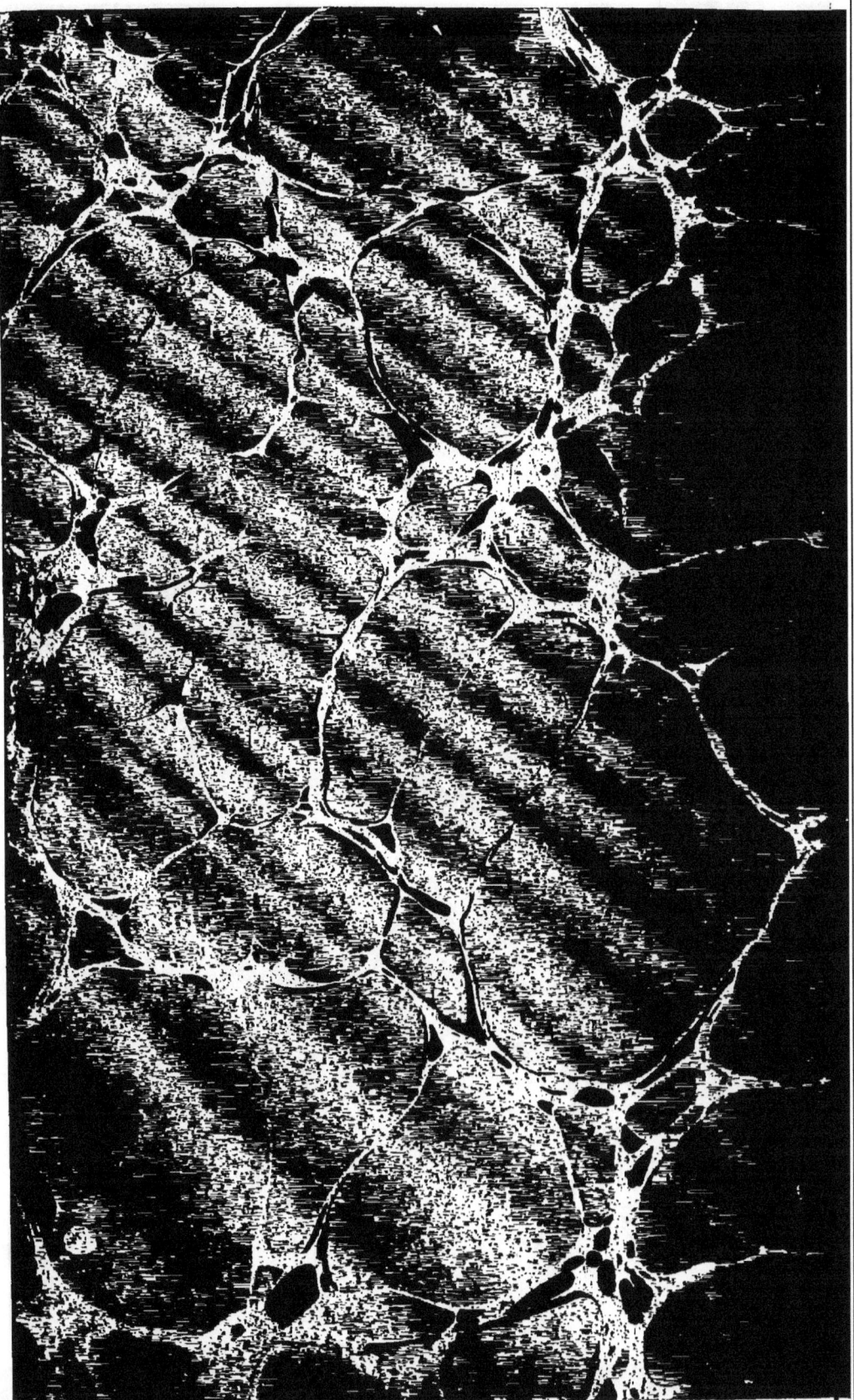

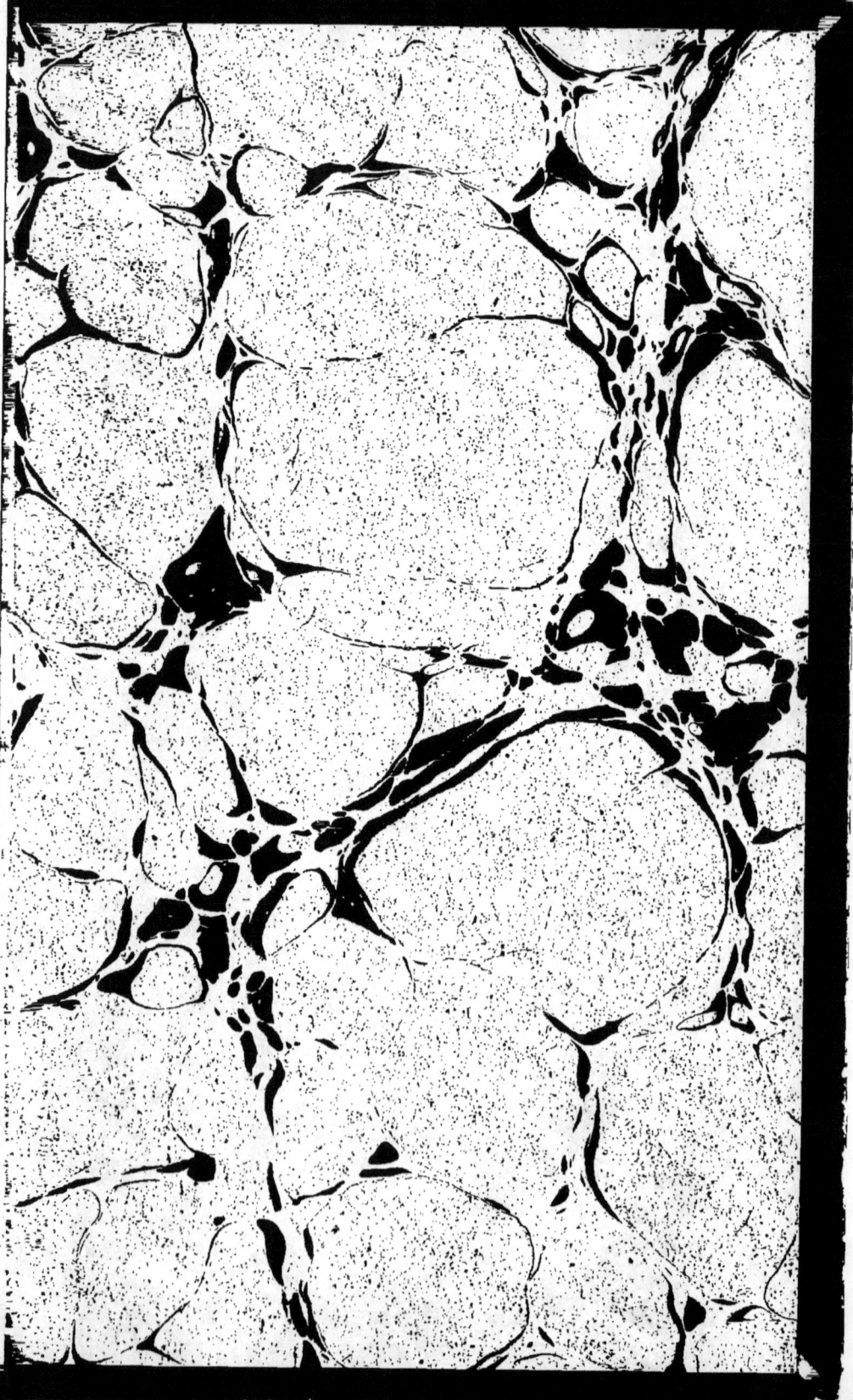